Actualización sociolaboral

ADGD0009 Administración y gestión

EF/ADGD0009A/SEPT/25

Anagrama «LUCHA CONTRA LA PIRATERÍA», propiedad de Unión Internacional de Escritores.

CONSEJO DE REDACCIÓN
Jorge Pérez Pérez
Rebeca Cantalapiedra Puertas

MAQUETACIÓN
Esther Martínez Hernández

ILUSTRACIÓN DE CUBIERTA
Ignacio Velasco Marugán

© Centro de Estudios ADAMS. Ediciones Valbuena
C/ Narciso Serra, 14
28007 Madrid
adamsediciones@adams.es
www.adams.es

ISBN: 978-84-1077-411-7
Depósito legal: M-11011-2025
Editado en septiembre de 2025
Imprime: Ediciones Valbuena, S.A.
Impreso en España. Printed in Spain

Presentación

Comprometidos por ofrecer una propuesta formativa ajustada a las necesidades de la sociedad y del mercado de trabajo, Ediciones Valbuena presenta este manual para la Especialidad formativa de **Actualización sociolaboral.**

Esta **Especialidad Formativa,** con una duración asociada de 15 horas, se integra en el Catálogo de especialidades con el código ADGD0009.

En la elaboración de los contenidos hemos pretendido garantizar la **adquisición, mejora y actualización de las competencias profesionales** requeridas en el mercado laboral, así como fomentar el **aprendizaje**.

En nuestra página web **www.adams.es** estarás al día de todo en cuanto a información sobre cursos, productos y servicios se refiere, además tendrás la opción de dirigirnos cualquier consulta o sugerencia a través de **adams@adams.es**

Esperando haber cumplido el objetivo propuesto, te expresamos nuestros mejores deseos de éxito.

Ediciones Valbuena

Índice

Iconos de Información

Actividad

Vocabulario

Audios

Resumen

Definición

Recuerda

Ejemplo

Nota

Importante

Más información

Lectura recomendada

Marco legal

UNIDAD DIDÁCTICA 1

Novedades sociolaborales de la Ley de Presupuestos Generales del Estado

Contenido

1. Cotización a la Seguridad Social

1.1. Introducción

El artículo 19.2 del texto refundido de la Ley General de la Seguridad Social aprobado por el Real Decreto Legislativo 8/2015, de 30 de octubre (en adelante TRLGSS) establece que "las bases de cotización a la Seguridad Social, en cada uno de sus regímenes, tendrán como tope máximo las cuantías fijadas para cada año por la correspondiente Ley de Presupuestos Generales del Estado y como tope mínimo las cuantías del salario mínimo interprofesional vigente en cada momento, incrementadas en un sexto, salvo disposición expresa en contrario". El Real Decreto 87/2025, de 11 de febrero, ha fijado el salario mínimo interprofesional para 2025 en 1.184,00 euros mensuales, la base mínima de cotización para este año es de 1.381,20 euros mensuales.

Por otra parte, hay que tener en cuenta que el año 2025 comenzó sin que se hubiera aprobado la Ley de Presupuestos Generales del Estado de este año. Hasta que eso suceda, es de aplicación en materia de cotización a la Seguridad Social lo dispuesto en el Real Decreto-ley 1/2025, de 28 de enero:

1. El **tope máximo de la base de cotización** en cada uno de los Regímenes de la Seguridad Social que lo tengan establecido, queda fijado, a partir del 1 de enero de 2025, en la cuantía de 4.909,50 euros.

2. De acuerdo con lo establecido en el en el art. 19.2 TRLGSS,, las bases de cotización en los Regímenes de la Seguridad Social y respecto de las contingencias profesionales, tendrán como **tope mínimo las cuantías del salario mínimo interprofesional vigente en cada momento, incrementadas en un sexto**, salvo disposición expresa en contrario. En consecuencia el tope mínimo para estas contingencias en el año 2025 es de 1.381,20 euros mensuales.

1.2. Bases y tipos de cotización en el Régimen General

Por lo que hace referencia a las **bases de cotización en el Régimen General** correspondientes a las contingencias comunes, hay que tener en cuenta lo siguiente:

⇨ Las **bases mínimas** de cotización, según categorías profesionales y grupos de cotización, se incrementarán desde el 1 de enero de 2025, y respecto de las vigentes en 31 de diciembre de 2024, en el mismo porcentaje en que aumente el salario mínimo interprofesional. Las bases mínimas de cotización aplicables a los trabajadores con contrato a tiempo parcial se adecuarán en orden a que la cotización en esta modalidad de contratación sea equivalente a la cotización a tiempo completo por la misma unidad de tiempo y similares retribuciones.

⇨ Las **bases máximas**, cualquiera que sea la categoría profesional y grupo de cotización, serán a partir del 1 de enero de 2025, de 4.909,50 euros mensuales o de 163,65 euros diarios.

Con respecto a los **tipos de cotización en el Régimen General**, en tanto no sea aprobada la LPGE para el año 2025, son los siguientes:

1. Para las contingencias comunes el **28,30 por ciento**, siendo el 23,60 por ciento a cargo de la empresa y el 4,70 por ciento a cargo del trabajador.

2. Para las **contingencias de accidentes de trabajo y enfermedades profesionales se aplicarán los porcentajes de la tarifa de primas incluida en la Disposición Adicional cuarta de la Ley 42/2006**, de 28 de diciembre, de Presupuestos Generales del Estado para el año 2007, siendo las primas resultantes a cargo exclusivo de la empresa. Hay que tener en cuenta, a estos efectos, que el Real Decreto 10/2025, de 14 de enero, ha aprobado la Clasificación Nacional de Actividades Económicas 2025 (CNAE-2025).

3. Para la cotización adicional por **horas extraordinarias** establecida en el artículo 149 del TRLGSS, se aplicarán los siguientes tipos de cotización:

4. Cuando se trate de las horas extraordinarias motivadas por **fuerza mayor, el 14,00 por ciento, del que el 12,00 por ciento será a cargo de la empresa y el 2,00 por ciento a cargo del trabajador.**

5. Cuando se trate de las horas extraordinarias **no comprendidas en el párrafo anterior, el 28,30 por ciento, del que el 23,60 por ciento será a cargo de la empresa y el 4,70 por ciento a cargo del trabajador.**

1.3. Casos concretos

Hay que tener en cuenta que este año 2025 se mantiene el denominado **Mecanismo de Equidad Intergeneracional (MEI)**, recogido en el artículo 66.2 del Real Decreto Ley 1/2025. Así, a partir del 1 de enero de 2025 se efectuará una cotización de **0,8 puntos porcentuales** aplicable a la base de cotización por contingencias comunes en todas las situaciones de alta o asimiladas a la de alta en el sistema de la Seguridad Social en las que exista obligación de cotizar para la cobertura de la pensión de jubilación. Cuando el tipo de cotización deba ser objeto de distribución entre empleador y trabajador, el 0,67 por ciento será a cargo del empleador y el 0,13 por ciento a cargo del trabajador.

En este año 2025 comienza a aplicarse por primera vez la **Cotización Adicional de Solidaridad** que recoge el artículo 19.bis del TRLGSS. El importe de las retribuciones que se integran en la base de cotización que supere el importe de la base máxima de cotización establecida para las personas trabajadoras por cuenta ajena del sistema de la Seguridad Social, quedará sujeto, en toda liquidación de cuotas, a una cotización adicional de solidaridad de acuerdo con los tramos que se recogen en ese artículo 19.bis. No obstante, la Disposición Transitoria 42ª del propio TRLGSS establece un régimen transitorio entre los años 2025 y 2045, de manera que en este año 2025 serán de aplicación los siguientes **tramos**:

⇨ La cuota de solidaridad será el resultado de aplicar un tipo del 0,92 por ciento a la parte de retribución comprendida entre la base máxima de cotización y la cantidad superior a la referida base máxima en un 10 por ciento.

⇨ El tipo del 6 por ciento a la parte de retribución comprendida entre el 10 por ciento superior a la base máxima de cotización y el 50 por ciento.

⇨ El tipo del 7 por ciento a la parte de retribución que supere el anterior porcentaje.

1.3.1. Régimen Especial de Trabajadores por Cuenta Propia o Autónomos (RETA)

En el **Régimen Especial de Trabajadores por Cuenta Propia o Autónomos (RETA), la base máxima de cotización será de 4.909,50 euros mensuales**. La base mínima de cotización será la que corresponda a la Tabla de tramos de rendimientos netos que establece la Orden de Cotización para este año 2025, y que veremos más adelante. Los tipos de cotización son, en tanto no sea aprobada la LPGE para el año 2025, los siguientes:

1. Para las contingencias comunes, el 28,30 por ciento.

2. Para las contingencias profesionales, el 1,3 por ciento. Desde 1 de enero de 2020 la cobertura por las contingencias profesionales es obligatoria -salvo para los que dispongan de un sistema intercooperativo de prestaciones sociales- y se llevará a cabo con la misma entidad, gestora o colaboradora, con la que se haya formalizado la cobertura de la incapacidad temporal y determinará la obligación de efectuar las correspondientes cotizaciones.

3. Por cese de actividad, el 0,9 por ciento.

4. Por formación profesional, el 0,1 por ciento.

5. Por Mecanismo de Equidad Intergeneracional (MEI), 0,8 por ciento.

 Hay que recordar que desde 1 de enero de 2019, en la situación de incapacidad temporal con derecho a prestación económica, transcurridos 60 días en dicha situación desde la baja médica, corresponderá hacer efectivo el pago de las cuotas, por todas las contingencias, a la mutua colaboradora con la Seguridad Social, a la entidad gestora o, en su caso, al servicio público de empleo estatal, con cargo a las cuotas por cese de actividad. A estos efectos, la cuantía equivalente al pago efectivo de las cotizaciones de los trabajadores autónomos en periodo de baja laboral pasados los 60 días que el servicio público de empleo estatal deba asumir, se fijará mediante un coeficiente aplicable al total de cuotas por cese de actividad de todos los trabajadores con cobertura por dicha entidad. Dicho coeficiente se establecerá anualmente en la Orden por la que se desarrollan las normas legales de cotización a la Seguridad Social, desempleo, protección por cese de actividad, Fondo de Garantía Salarial y formación profesional para cada ejercicio.

1.3.2. Régimen Especial de Trabajadores del Mar

La cotización para todas las contingencias y situaciones protegidas en el **Régimen Especial de Trabajadores del Mar**, incluidos en los grupos segundo y tercero a que se refiere el artículo 10 de la Ley 47/2015, de 21 de octubre, reguladora de la protección social de las personas trabajadoras del sector marítimo-pesquero, se efectuará sobre las remuneraciones que se determinen anualmente mediante orden del Ministerio competente en materia de Seguridad Social, a propuesta del Instituto Social de la Marina, oídas las organizaciones representativas del sector. Tal determinación se efectuará por provincias, modalidades de pesca y categorías profesionales, sobre la base de los valores medios de remuneración percibida en el año precedente. Este año es de aplicación la **Orden ISM/87/2025, de 20 de enero, por la que se establecen para el año 2025 las bases de cotización a la Seguridad Social de las personas trabajadoras del Régimen Especial de la Seguridad Social de los Trabajadores del Mar incluidas en los grupos segundo y tercero**.

1.3.3. Régimen Especial de la Minería del Carbón

La cotización para las contingencias comunes en el **Régimen Especial de la Minería del Carbón** vendrá constituida por las bases de cotización normalizadas, cuyo importe no podrá ser inferior al fijado para el ejercicio inmediatamente anterior para cada categoría profesional, incrementado en el mismo porcentaje experimentado en el presente ejercicio por el tope máximo de cotización, ni superior a la cantidad resultante de elevar a cuantía anual el citado tope máximo y dividirlo por los días naturales del ejercicio en curso. El Ministerio de Inclusión, Seguridad Social y Migraciones fijará la cuantía de las bases normalizadas para el año 2025, tal como hizo el año anterior mediante **Orden ISM/1089/2024, de 9 de octubre, por la que se fijan para el ejercicio 2024 las bases normalizadas de cotización a la Seguridad Social, por contingencias comunes, en el Régimen Especial de la Seguridad Social para la Minería del Carbón**.

1.3.4. Prestaciones por desempleo y cese de actividad

La cotización **durante la percepción de la prestación por desempleo, de nivel contributivo y durante la percepción de la prestación por cese de actividad de los trabajadores autónomos** se realizará sobre la siguiente base de cotización:

1. En los casos de **extinción de la relación laboral la base de cotización será la base reguladora de la prestación por desempleo**, con respeto, en todo caso, del importe de la base mínima por contingencias comunes prevista para cada categoría profesional.

2. En los casos de **suspensión temporal de la relación laboral o por reducción temporal de jornada**, ya sea por la vía de los artículos 47 o 47 bis del Texto Refundido de la Ley del Estatuto de los Trabajadores (TRLET), aprobado por Real Decreto Legislativo 2/2015, de 23 de marzo, o en virtud de resolución judicial adoptada en el seno de un procedimiento concursal, las bases de cotización a la Seguridad Social para el cálculo de la aportación empresarial por contingencias comunes y por contingencias profesionales, estarán constituidas por el promedio de las bases de cotización en la empresa afectada correspondientes a dichas contingencias de los seis meses naturales inmediatamente anteriores al inicio de cada situación de reducción de jornada o suspensión del contrato. Para el cálculo de dicho promedio, se tendrá en cuenta el número de días en situación de alta, en la empresa de que se trate, durante el período de los seis meses indicados. Las bases de cotización calculadas conforme a lo indicado anteriormente se reducirán, en los supuestos de reducción temporal de jornada, en función de la jornada de trabajo no realizada Hay que tener en cuenta que la reforma laboral introducida por el Real Decreto Ley 32/2021, de 28 de diciembre, ha creado el denominado Mecanismo RED (artículo 47 bis TRLET) que, como mejora para las personas trabajadoras afectadas por el mismo contempla que la cuantía de la prestación por desempleo en estos casos se determinará aplicando a la base reguladora, calculada de conformidad con el apartado anterior, el porcentaje del 70 por ciento, durante toda la vigencia de la medida. Además, el tiempo de percepción de la prestación no se considerará como consumido de la duración en futuros accesos a la protección por desempleo.

3. Durante la percepción de la prestación económica por c**ese de actividad de los trabajadores autónomos**, la base de cotización a la Seguridad Social por contingencias comunes, al régimen correspondiente, será la base reguladora

de dicha prestación, con respeto, en todo caso, del importe de la base mínima o base única de cotización prevista en el correspondiente régimen.

1.3.5. Desempleo, Fondo de Garantía Salarial, Formación Profesional

La cotización por las contingencias de **Desempleo, Fondo de Garantía Salarial, Formación Profesional** se realizará sobre la misma base de cotización por la que se cotiza a accidentes de trabajo y enfermedades profesionales. Los tipos de cotización desde 1 de enero de 2025, en tanto no sea aprobada la LPGE para este año, son los siguientes:

1. **Para la contingencia de desempleo**:

    a) Contratación indefinida, incluidos los contratos indefinidos a tiempo parcial y fijos discontinuos, así como la contratación de duración determinada en las modalidades de contratos formativos en prácticas y para la formación y el aprendizaje, de relevo, interinidad y contratos, cualquiera que sea la modalidad utilizada, realizados con trabajadores discapacitados: el 7,05 por ciento, del que el 5,50 por ciento será a cargo del empresario y el 1,55 por ciento a cargo del trabajador.

    b) Contratación de duración determinada: el 8,30 por ciento, del que el 6,70 por ciento será a cargo del empresario y el 1,60 por ciento a cargo del trabajador.

2. Para la cotización al **Fondo de Garantía Salarial**, el 0,20 por ciento a cargo exclusivo de la empresa. El tipo aplicable para la cotización al Fondo de Garantía Salarial en el Sistema Especial para Trabajadores por Cuenta Ajena Agrarios establecido en el Régimen General de la Seguridad Social será el 0,10 por ciento, que será a cargo exclusivo de la empresa.

3. Para la cotización por **Formación Profesional**, el 0,70 por ciento, siendo el 0,60 por ciento a cargo de la empresa y el 0,10 por ciento a cargo del trabajador. El tipo aplicable para la cotización por Formación Profesional en el Sistema Especial para Trabajadores por Cuenta Ajena Agrarios establecido en el Régimen General de la Seguridad Social será el 0,18 por ciento, del que el 0,15 por ciento será a cargo de la empresa, y el 0,03 por ciento a cargo del trabajador.

1.3.6. Contrato para la formación y el aprendizaje

Desde el 1 de enero de 2025 y hasta que sea aprobada la LPGE de este año, la cotización a la Seguridad Social y por las demás contingencias protegidas respecto a los trabajadores que hubieran celebrado un **contrato para la formación y el aprendizaje o un contrato formativo en alternancia** se efectuará conforme a las siguientes reglas:

1. Cuando la base de cotización mensual por contingencias comunes, determinada conforme a las reglas establecidas en el régimen de la Seguridad Social que corresponda, no supere la base mínima mensual de cotización de dicho régimen:

   a) La cotización a la Seguridad Social consistirá en una cuota única mensual de 67,13 euros por contingencias comunes, de los que 55,97 euros serán a cargo del empresario y 11,16 euros, a cargo de la persona trabajadora, y de 7,71 euros por contingencias profesionales, a cargo del empresario, de los que 3,99 euros corresponden a incapacidad temporal y 3,72 euros, a incapacidad permanente y muerte y supervivencia.

   b) La base de cotización por desempleo será la base mínima correspondiente a las contingencias por accidentes de trabajo y enfermedades profesionales, a la que será de aplicación el tipo y la distribución del mismo a que se refiere el artículo 33.2.a).1.º

   c) La cotización al Fondo de Garantía Salarial consistirá en una cuota mensual de 4,25 euros, a cargo del empresario.

   d) La cotización por formación profesional consistirá en una cuota mensual de 2,36 euros, de los que 2,09 euros serán a cargo del empresario y 0,27 euros, a cargo de la persona trabajadora.

2. Cuando la base de cotización mensual por contingencias comunes, determinada conforme a las reglas establecidas en el régimen de la Seguridad Social que corresponda, supere la base mínima mensual de cotización de dicho régimen, a las cuotas únicas a que se refiere el párrafo a) se les sumarán las cuotas resultantes de aplicar, al importe en que la base de cotización exceda de la base mínima, los siguientes tipos de cotización:

   a) Para la cotización a la Seguridad Social por contingencias comunes, el 28,30 por ciento, del que el 23,60 por ciento será a cargo del empresario y el 4,70 por ciento a cargo del trabajador, y para la cotización por contingencias profesionales, el tipo que corresponda de la tarifa de primas establecida en la disposición adicional cuarta de la Ley 42/2006, de 28 de diciembre, a cargo del empresario.

   b) Para la cotización por desempleo, al Fondo de Garantía Salarial y por formación profesional, los tipos y la distribución de los mismos a que se refieren los párrafos a).1.º, b) y c) del apartado 2 del artículo 31 de la Orden de Cotización para 2025.

3. Para el mecanismo de equidad intergeneracional, se aplicará el tipo del 0,8 por ciento sobre la base de cotización por contingencias comunes, del que el 0,67 corresponderá al empresario y 0,13 al trabajador, sobre la base de cotización mínima del Régimen General de la Seguridad Social.

4. Durante la percepción de la prestación por desempleo, la cotización a la Seguridad Social se efectuará conforme a lo previsto en el artículo 8.6 de la Orden de Cotización para 2025.

5. Las retribuciones que perciban los trabajadores en concepto de horas extraordinarias estarán sujetas a la correspondiente cotización adicional.

La cotización del **personal investigador en formación** incluido en el campo de aplicación del Real Decreto 63/2006, de 27 de enero, durante los dos primeros años se llevará a cabo aplicando las **reglas de la cotización en los contratos formativos en alternancia**, en lo que se refiere a la cotización por contingencias comunes y profesionales.

Por otra parte, el Real Decreto-ley 2/2023, de 28 de diciembre, ha establecido que la realización de prácticas formativas en empresas, instituciones o entidades incluidas en programas de formación y la realización de prácticas académicas externas al amparo de la respectiva regulación legal y reglamentaria, determinará la inclusión en el sistema de la Seguridad Social de las personas que las realicen en los términos de esta disposición adicional. Por lo tanto, a partir de 1 de enero de 2024 procederá el alta y la cotización en estos supuestos, con independencia de que estas prácticas sean retribuidas o no. En este último caso, el Real Decreto Ley 8/2023, de 27 de diciembre, estableció un plazo excepcional, que finalizó el día 31 de marzo de 2024, para comunicar a la Tesorería General de la Seguridad Social las altas y las bajas en la Seguridad Social correspondientes al inicio o finalización de las prácticas formativas no remuneradas a las que se refiere la referida Disposición Adicional 52ª del TRLGSS que tuvieran lugar en el período comprendido entre el 1 de enero y el 20 de marzo de 2024.

La cotización de todas estas prácticas formativas se llevará a cabo de acuerdo con lo dispuesto en la Disposición Adicional 52ª del TRLGSS en el artículo 47 de la Orden PJC/178/2025, de 25 de febrero, de Cotización para el año 2025.

1.3.7. Cotización a derechos pasivos y a las Mutualidades Generales de Funcionarios

Finalmente, la **cotización a derechos pasivos y a las Mutualidades Generales de Funcionarios desde 1 de enero de 2025** será, hasta que sea aprobada la Ley de Presupuestos Generales del Estado correspondiente a este ejercicio, la siguiente:

1. Cuotas mensuales de derechos pasivos de los Funcionarios Civiles del Estado, del personal de las Fuerzas Armadas, de los miembros de las Carreras Judicial y Fiscal, de los del Cuerpo de Letrados de la Administración de Justicia y de los Cuerpos al Servicio de la Administración de Justicia:

Grupo/Subgrupo EBEP	Cuota mensual en euros
A1	118,04
A2	92,90
B	81,35
C1	71,35
C2	56,45
E (Ley 30/1984) y Agrupaciones Profesionales (EBEP)	48,13

2. Cuotas mensuales de cotización a la Mutualidad General de Funcionarios Civiles del Estado, al Instituto Social de las Fuerzas Armadas y a la Mutualidad General Judicial:

Grupo/Subgrupo EBEP	Cuota mensual en euros
A1	51,68
A2	40,68
B	35,62
C1	31,24
C2	24,72
E (Ley 30/1984) y Agrupaciones Profesionales (EBEP)	21,07

Las citadas cuantías mensuales se abonarán doblemente en los meses de junio y diciembre.

2. Revalorización de pensiones: Importe mínimo y complementos

a) Esta materia está regulada en el Real Decreto-ley 1/2025, de 28 de enero.

b) Hay que tener en cuenta que la Ley 21/2021, de 28 de diciembre, de garantía del poder adquisitivo de las pensiones y de otras medidas de refuerzo de la sostenibilidad financiera y social del sistema público de pensiones, ha modificado el artículo 58 del TRLGSS, introduciendo un nuevo sistema de revalorización y garantía del poder adquisitivo de las pensiones.

c) Así, las pensiones de Seguridad Social, en su modalidad contributiva, incluido el importe de la pensión mínima, **se revalorizarán al comienzo de cada año en el porcentaje equivalente al valor medio de las tasas de variación interanual expresadas en tanto por ciento del Índice de Precios al Consumo de los doce meses previos a diciembre del año anterior**. Si el valor medio al que se refiere el apartado anterior fuera negativo, el importe de las pensiones no variará al comienzo del año.

d) En todo caso, el importe de la revalorización anual de las pensiones de la Seguridad Social no podrá determinar para estas, una vez revalorizadas, un valor íntegro anual superior a la cuantía establecida en la correspondiente Ley de Presupuestos Generales del Estado, sumado, en su caso, al importe anual íntegro ya revalorizado de las otras pensiones públicas percibidas por su titular.

e) El resultado, para este año 2025, es que **las pensiones contributivas se han incrementado en ese Real Decreto Ley 1/2025 un 2,8 por 100**.

3.   Importes prestaciones familiares

De acuerdo con lo establecido en el Real Decreto Ley 1/2025, en este año 2025 los importes de las prestaciones familiares son los siguientes:

1. **Asignación económica por hijo o menor a cargo sin discapacidad**: 588,00 euros/año. Los límites de ingresos para percibir la asignación económica quedan fijados en 14.952,00 euros anuales y, si se trata de familias numerosas, en 22.501,00 euros anuales, incrementándose en 3.646,00 euros anuales por cada hijo a cargo a partir del cuarto, este incluido. No obstante, la cuantía de la asignación económica será en cómputo anual de 637,92 euros en los casos en que los ingresos sean inferiores al límite previsto en la siguiente escala:

H = hijos a cargo del beneficiario menores de 18.

N = número de menores de 14 años en el hogar.

M = número de personas de 14 o más años en el hogar.

Integrantes del hogar		Intervalo de ingresos	Asignación íntegra anual
Personas >=14 años (M)	Personas <14 años (N		
1	1	5.685 o menos	637,92 x H
1	2	6.996 o menos	637,92 x H
1	3	8.307 o menos	637,92 x H
2	1	7.870 o meno	637,92 x H
2	2	9.181 o menos	637,92 x H

Integrantes del hogar		Intervalo de ingresos	Asignación íntegra anual
2	3	10.492 o menos	637,92 x H
3	1	10.056 o menos	637,92 x H
3	2	11.367 o menos	637,92 x H
3	3	12.677 o menos	637,92 x H
M	N	4.373 + [(4.373 x 0,5 x (M-1)) + (4.373 x 0,3 x N)] o menos.	637,92 x H

2. **Asignación económica por hijo o menor a cargo con un grado de discapacidad igual o superior al 33 por ciento**: 1.000,00 euros al año.

3. **Asignación económica por hijo a cargo mayor de 18 años con discapacidad**:

   a) Con un grado de discapacidad igual o superior al 65 por ciento: 5.805,60 euros/año.

   b) Con un grado de discapacidad igual o superior al 75 por ciento y con necesidad de concurso de otra persona para la realización de los actos esenciales de la vida: 8.707,20 euros/año.

4. **Prestación por nacimiento o adopción de hijo, en supuestos de familias numerosas, monoparentales y de madres con discapacidad establecida en el artículo 357 y cuya cuantía se recoge en el artículo 358 del texto refundido de la Ley General de la Seguridad Social**: 1.000,00 euros.

Hay que tener en cuenta que la Disposición Transitoria 4ª del Real Decreto-ley 20/2020, de 29 de mayo, por el que se aprueba el ingreso mínimo vital -actualmente regulado en la Ley 19/2021, de 20 de diciembre-, ha establecido que partir de la entrada en vigor de esta norma (1 de junio de 2020) no podrán presentarse nuevas solicitudes para la asignación económica por hijo o menor a cargo sin discapacidad o con discapacidad inferior al 33 por ciento, del sistema de la Seguridad Social, que quedará a extinguir. No obstante, los beneficiarios de la prestación económica transitoria de ingreso mínimo vital que a 31 de diciembre de 2020 no cumplan los requisitos para ser beneficiarios del ingreso mínimo vital podrán ejercer el derecho de opción para volver a la asignación económica por hijo o menor a cargo del sistema de la Seguridad Social.

A la fecha de entrada en vigor de este Real Decreto-ley 20/2020, quienes vinieran percibiendo la asignación económica por cada hijo o menor a cargo sin discapacidad o con discapacidad inferior al 33 por ciento continuarán percibiendo dicha prestación hasta que dejen de concurrir los requisitos y proceda su extinción.

4. Valores legales: Interés legal del dinero e IPREM

Están regulados en la Ley 31/2022, de 23 de diciembre,en tanto no sea aprobada la LPGE de esta año 2025, y son los siguientes:

1. De conformidad con lo dispuesto en el artículo 1 de la Ley 24/1984, de 29 de junio, sobre modificación del tipo de **interés legal del dinero**, este queda establecido en el **3,25 por ciento** durante la vigencia de esta Ley de Presupuestos Generales del Estado para el año 2023 (Ley 31/2022). El **interés de demora** a que se refiere al artículo 26.6 de la Ley 58/2003, de 17 de diciembre, General Tributaria, será el **4,0625 por ciento**. El **interés de demora** a que se refiere el artículo 38.2 de la Ley 38/2003, de 17 de noviembre, General de Subvenciones, será el **4,0625 por ciento**.

2. El **indicador público de renta de efectos múltiples** (IPREM) tendrá las siguientes cuantías

    •   EL IPREM diario, 20,00 euros.

    •   El IPREM mensual, 600,00 euros.

    •   El IPREM anual, 7.200,00 euros.

    •   En los supuestos en que la referencia al salario mínimo interprofesional ha sido sustituida por la referencia al IPREM en aplicación de lo establecido en el Real Decreto-ley 3/2004, de 25 de junio, la cuantía anual del IPREM será de 8.400,00 euros cuando las correspondientes normas se refieran al salario mínimo interprofesional en cómputo anual, salvo que expresamente excluyeran las pagas extraordinarias; en este caso, la cuantía será de 7.200,00 euros.

5. Bonificaciones en la cotización de la Seguridad Social

En esta materia, hay que tener en cuenta que el día **1 de septiembre del año 2023 entraron en vigor los incentivos a la contratación laboral** contenidos en el Real Decreto ley 1/2023, de 10 de enero, de medidas urgentes en materia de incentivos a la contratación laboral y mejora de la protección social de las personas artistas.

Esta norma ha derogado buena parte de las bonificaciones que estaban en vigor anteriormente para sustituirlas por las nuevas bonificaciones a partir de la fecha indicada anteriormente. No obstante, los contratos celebrados antes de 1 de septiembre de 2023 pueden seguir disfrutando de las bonificaciones vigentes anteriormente, de entre las que destacan las siguientes:

1. Bonificaciones por contratación de personas con discapacidad, personas en situación de exclusión social y víctimas de la violencia de género y del terrorismo, reguladas en la Ley 43/2006.

2. Reducciones de cuotas a las empresas y a los trabajadores con contratos para la formación y el aprendizaje, que el Real Decreto Ley 32/2021 ha extendido también a los nuevos contratos de formación en alternancia hasta la entrada en vigor del Real Decreto Ley 1/2023.

3. Bonificaciones a los contratos fijos discontinuos de las empresas de los sectores de turismo, comercio y hostelería en los meses de febrero, marzo y noviembre de cada año (Disposición Adicional 122ª de la Ley 11/2020, de 30 de diciembre, de Presupuestos Generales del Estado para el año 2021).

4. Bonificaciones por los contratos de trabajo celebrados por la Organización Nacional de Ciegos de España (ONCE) con personas con discapacidad (artículo 1 del Real Decreto Ley 18/2011).

5. Exención de cotización por contingencias comunes (salvo incapacidad temporal) por aquellos trabajadores que tengan la edad de acceso a la pensión de jubilación que en cada caso resulte de aplicación según lo establecido en el artículo 205.1.a) del TRLGSS (artículo 311 del propio TRLGSS).

6. Bonificaciones por personal investigador de la Ley 17/2012 y RD 475/2014.

7. Bonificaciones por personal investigador predoctoral en formación de la Ley 14/2011.

8. Bonificaciones por tripulantes de buques (Canarias) de la Ley 19/1994.

9. Bonificaciones por la contratación laboral en ciertos sectores en Ceuta y Melilla, recogidos en la Ley 31/2011.

10. Bonificaciones por la contratación de familiares por parte del trabajador autónomo, recogidas en el artículo 35 de la Ley 20/2007, de 11 de julio.

11. La situación de crisis sanitaria iniciada en 2020 ha generado también normativa específica de mantenimiento de empleo, que prevé exenciones en las cuotas empresariales de la Seguridad Social como consecuencia de la aplicación de Expedientes de Regulación Temporal de Empleo (ERTE) derivados de la situación provocada por la COVID-19, y en los términos establecidos en el RDL 8/2020, 18/2020, 24/2020, 30/2020, 2/2021, 18/2021y 2/2022. Estas exenciones pueden alcanzar el 100 por 100 de esas cuotas empresariales en algunos casos.

12. Beneficios en la cotización a la Seguridad Social aplicables a los expedientes de regulación temporal de empleo y al Mecanismo RED (D.A. 44ª TRLGSS, en redacción dada a la misma por el Real Decreto Ley 1/2025.

6. Tarifa de accidentes de trabajo y enfermedad profesional

Para el año 2025 la **tarifa de primas** para la cotización por **accidentes de trabajo y enfermedades profesionales** es la siguiente (Disposición Adicional Cuarta de la Ley 42/2006, de 28 de diciembre):

Tarifa de primas para la cotización por Accidentes de Trabajo y Enfermedades Profesionales			
Cuadro I		Tipos de cotización	
Códigos CNAE-2009 y título de la actividad económica	IT	IMS	Total
01 Agricultura, ganadería, caza y servicios relacionados con las mismas. Excepto:	1,50	1,10	2,60
0113 Cultivo de hortalizas, raíces y tubérculos.	1,00	1,00	2,00
0119 Otros cultivos no perennes.	1,00	1,00	2,00
0129 Otros cultivos perennes.	2,25	2,90	5,15
0130 Propagación de plantas.	1,15	1,10	2,25
014 Producción ganadera (Excepto el 0147).	1,80	1,50	3,30
0147 Avicultura.	1,25	1,15	2,40
015 Producción agrícola combinada con la producción ganadera.	1,60	1,20	2,80
016 Actividades de apoyo a la agricultura, a la ganadería y de preparación posterior a la cosecha (Excepto 0164).	1,60	1,20	2,80
0164 Tratamiento de semillas para reproducción.	1,15	1,10	2,25
017 Caza, captura de animales y servicios relacionados con las mismas.	1,80	1,50	3,30
02 Silvicultura y explotación forestal.	2,25	2,90	5,15
03 Pesca y acuicultura (Excepto v, w y 0322).	3,05	3,35	6,40
v Grupo segundo de cotización del Régimen especial del Mar.	2,10	2,00	4,10
w Grupo tercero de cotización del Régimen especial del Mar.	1,65	1,70	3,35
0322 Acuicultura en agua dulce.	3,05	3,20	6,25
05 Extracción de antracita, hulla y lignito (Excepto y).	2,30	2,90	5,20
y Trabajos habituales en interior de minas.	3,45	3,70	7,15
06 Extracción de crudo de petróleo y gas natural.	2,30	2,90	5,20
07 Extracción de minerales metálicos.	2,30	2,90	5,20
08 Otras industrias extractivas (Excepto 0811).	2,30	2,90	5,20

Tarifa de primas para la cotización por Accidentes de Trabajo y Enfermedades Profesionales			
Cuadro I		Tipos de cotización	
Códigos CNAE-2009 y título de la actividad económica	IT	IMS	Total
0811 Extracción de piedra ornamental y para la construcción, piedra caliza, yeso, creta y pizarra.	3,45	3,70	7,15
09 Actividades de apoyo a las industrias extractivas.	2,30	2,90	5,20
10 Industria de la alimentación (Excepto 101,102,106, 107 y 108).	1,60	1,60	3,20
101 Procesado y conservación de carne y elaboración de productos cárnicos.	2,00	1,90	3,90
102 Procesado y conservación de pescados, crustáceos y moluscos.	1,80	1,50	3,30
106 Fabricación de productos de molinería, almidones y productos amiláceos.	1,70	1,60	3,30
107 Fabricación de productos de panadería y pastas alimenticias.	1,05	0,90	1,95
108 Fabricación de otros productos alimenticios.	1,05	0,90	1,95
11 Fabricación de bebidas.	1,60	1,60	3,20
12 Industria del tabaco.	1,00	0,80	1,80
13 Industria textil (Excepto 1391).	1,00	0,85	1,85
1391 Fabricación de tejidos de punto.	0,80	0,70	1,50
14 Confección de prendas de vestir (Excepto 1411, 1420 y 143).	0,80	0,70	1,50
1411 Confección de prendas de vestir de cuero.	1,50	1,10	2,60
1420 Fabricación de artículos de peletería.	1,50	1,10	2,60
143 Confección de prendas de vestir de punto.	0,80	0,70	1,50
15 Industria del cuero y del calzado.	1,50	1,10	2,60
16 Industria de la madera y del corcho, excepto muebles; cestería y espartería (Excepto 1624 y 1629).	2,25	2,90	5,15
1624 Fabricación de envases y embalajes de madera.	2,10	2,00	4,10
1629 Fabricación de otros productos de madera; artículos de corcho, cestería y espartería.	2,10	2,00	4,10
17 Industria del papel (Excepto 171).	1,00	1,05	2,05
171 Fabricación de pasta papelera, papel y cartón.	2,00	1,50	3,50
18 Artes gráficas y reproducción de soportes grabados.	1,00	1,00	2,00

Tarifa de primas para la cotización por Accidentes de Trabajo y Enfermedades Profesionales			
Cuadro I	Tipos de cotización		
Códigos CNAE-2009 y título de la actividad económica	IT	IMS	Total
19	Coquerías y refino de petróleo.	1,45	1,90	3,35
20	Industria química (Excepto 204 y 206).	1,60	1,40	3,00
204	Fabricación de jabones, detergentes y otros artículos de limpieza y abrillantamiento; fabricación de perfumes y cosméticos.	1,50	1,20	2,70
206	Fabricación de fibras artificiales y sintéticas.	1,50	1,20	2,70
21	Fabricación de productos farmacéuticos.	1,30	1,10	2,40
22	Fabricación de productos de caucho y plástico.	1,75	1,25	3,00
23	Fabricación de otros productos minerales no metálicos (Excepto 231, 232, 2331, 234 y 237).	2,10	2,00	4,10
231	Fabricación de vidrio y productos de vidrio.	1,60	1,50	3,10
232	Fabricación de productos cerámicos refractarios.	1,60	1,50	3,10
2331	Fabricación de azulejos y baldosas de cerámica.	1,60	1,50	3,10
234	Fabricación de otros productos cerámicos.	1,60	1,50	3,10
237	Corte, tallado y acabado de la piedra.	2,75	3,35	6,10
24	Metalurgia; fabricación de productos de hierro, acero y ferroaleaciones.	2,00	1,85	3,85
25	Fabricación de productos metálicos, excepto maquinaria y equipo.	2,00	1,85	3,85
26	Fabricación de productos informáticos, electrónicos y ópticos.	1,50	1,10	2,60
27	Fabricación de material y equipo eléctrico.	1,60	1,20	2,80
28	Fabricación de maquinaria y equipo n.c.o.p.	2,00	1,85	3,85
29	Fabricación de vehículos de motor, remolques y semirremolques .	1,60	1,20	2,80
30	Fabricación de otro material de transporte (Excepto 3091 y 3092).	2,00	1,85	3,85
3091	Fabricación de motocicletas.	1,60	1,20	2,80
3092	Fabricación de bicicletas y de vehículos para personas con discapacidad.	1,60	1,20	2,80
31	Fabricación de muebles.	2,00	1,85	3,85
32	Otra industria manufacturera (Excepto 321, 322).	1,60	1,20	2,80

Tarifa de primas para la cotización por Accidentes de Trabajo y Enfermedades Profesionales			
Cuadro I	Tipos de cotización		
Códigos CNAE-2009 y título de la actividad económica	IT	IMS	Total
321 Fabricación de artículos de joyería y artículos similares.	1,00	0,85	1,85
322 Fabricación de instrumentos musicales.	1,00	0,85	1,85
33 Reparación e instalación de maquinaria y equipo (Excepto 3313 y 3314).	2,00	1,85	3,85
3313 Reparación de equipos electrónicos y ópticos.	1,50	1,10	2,60
3314 Reparación de equipos eléctricos.	1,60	1,20	2,80
35 Suministro de energía eléctrica, gas, vapor y aire acondicionado.	1,80	1,50	3,30
36 Captación, depuración y distribución de agua.	2,10	1,60	3,70
37 Recogida y tratamiento de aguas residuales.	2,10	1,60	3,70
38 Recogida, tratamiento y eliminación de residuos; valorización.	2,10	1,60	3,70
39 Actividades de descontaminación y otros servicios de gestión de residuos.	2,10	1,60	3,70
41 Construcción de edificios (Excepto 411).	3,35	3,35	6,70
411 Promoción inmobiliaria.	0,85	0,80	1,65
42 Ingeniería civil.	3,35	3,35	6,70
43 Actividades de construcción especializada.	3,35	3,35	6,70
45 Venta y reparación de vehículos de motor y motocicletas (Excepto 452 y 454).	1,00	1,05	2,05
452 Mantenimiento y reparación de vehículos de motor.	2,45	2,00	4,45
454 Venta, mantenimiento y reparación de motocicletas y de sus repuestos y accesorios.	1,70	1,20	2,90
46 Comercio al por mayor e intermediarios del comercio, excepto de vehículos de motor y motocicletas. Excepto:	1,40	1,20	2,60
4623 Comercio al por mayor de animales vivos.	1,80	1,50	3,30
4624 Comercio al por mayor de cueros y pieles.	1,80	1,50	3,30
4632 Comercio al por mayor de carne y productos cárnicos.	1,80	1,50	3,30
4638 Comercio al por mayor de pescados, mariscos y otros productos alimenticios.	1,60	1,40	3,00
4672 Comercio al por mayor de metales y minerales metálicos.	1,80	1,50	3,30

Tarifa de primas para la cotización por Accidentes de Trabajo y Enfermedades Profesionales				
Cuadro I		Tipos de cotización		
Códigos CNAE-2009 y título de la actividad económica		IT	IMS	Total
4673	Comercio al por mayor de madera, materiales de construcción y aparatos sanitarios.	1,80	1,50	3,30
4674	Comercio al por mayor de ferretería, fontanería y calefacción.	1,80	1,55	3,35
4677	Comercio al por mayor de chatarra y productos de desecho.	1,80	1,55	3,35
4690	Comercio al por mayor no especializado.	1,80	1,55	3,35
47	Comercio al por menor, excepto de vehículos de motor y motocicletas (Excepto 473).	0,95	0,70	1,65
473	Comercio al por menor de combustible para la automoción en establecimientos especializados.	1,00	0,85	1,85
49	Transporte terrestre y por tubería (Excepto 494).	1,80	1,50	3,30
494	Transporte de mercancías por carretera y servicios de mudanza.	2,00	1,70	3,70
50	Transporte marítimo y por vías navegables interiores.	2,00	1,85	3,85
51	Transporte aéreo.	1,90	1,70	3,60
52	Almacenamiento y actividades anexas al transporte (Excepto x, 5221).	1,80	1,50	3,30
x	Carga y descarga; estiba y desestiba.	3,35	3,35	6,70
5221	Actividades anexas al transporte terrestre.	1,00	1,10	2,10
53	Actividades postales y de correos.	1,00	0,75	1,75
55	Servicios de alojamiento.	0,80	0,70	1,50
56	Servicios de comidas y bebidas.	0,80	0,70	1,50
58	Edición.	0,65	1,00	1,65
59	Actividades cinematográficas, de vídeo y de programas de televisión, grabación de sonido y edición musical.	0,80	0,70	1,50
60	Actividades de programación y emisión de radio y televisión.	0,80	0,70	1,50
61	Telecomunicaciones.	0,80	0,70	1,50
62	Programación, consultoría y otras actividades relacionadas con la informática.	0,80	0,70	1,50
63	Servicios de información (Excepto 6391).	0,65	1,00	1,65

Tarifa de primas para la cotización por Accidentes de Trabajo y Enfermedades Profesionales			
Cuadro I	Tipos de cotización		
Códigos CNAE-2009 y título de la actividad económica	IT	IMS	Total
6391 Actividades de las agencias de noticias.	0,80	0,70	1,50
64 Servicios financieros, excepto seguros y fondos de pensiones.	0,80	0,70	1,50
65 Seguros, reaseguros y fondos de pensiones, excepto Seguridad Social obligatoria.	0,80	0,70	1,50
66 Actividades auxiliares a los servicios financieros y a los seguros.	0,80	0,70	1,50
68 Actividades inmobiliarias.	0,65	1,00	1,65
69 Actividades jurídicas y de contabilidad.	0,80	0,70	1,50
70 Actividades de las sedes centrales; actividades de consultoría de gestión empresarial.	0,80	0,70	1,50
71 Servicios técnicos de arquitectura e ingeniería; ensayos y análisis técnicos.	0,65	1,00	1,65
72 Investigación y desarrollo.	0,80	0,70	1,50
73 Publicidad y estudios de mercado.	0,90	0,80	1,70
74 Otras actividades profesionales, científicas y técnicas (Excepto 742).	0,90	0,85	1,75
742 Actividades de fotografía.	0,80	0,70	1,50
75 Actividades veterinarias.	1,50	1,10	2,60
77 Actividades de alquiler.	1,00	1,00	2,00
78 Actividades relacionadas con el empleo (Excepto x, 781).	1,55	1,20	2,75
X Carga y descarga: estiba y desestiba.	3,35	3,35	6,70
781 Actividades de las agencias de colocación.	0,95	1,00	1,95
79 Actividades de las agencias de viajes, operadores turísticos, servicios de reservas y actividades relacionadas con los mismos.	0,80	0,70	1,50
80 Actividades de seguridad e investigación.	1,40	2,20	3,60
81 Servicios a edificios y actividades de jardinería (Excepto 811).	2,10	1,50	3,60
811 Servicios integrales a edificios e instalaciones.	1,00	0,85	1,85
82 Actividades administrativas de oficina y otras actividades auxiliares a las empresas (Excepto 8220 y 8292).	1,00	1,05	2,05

Tarifa de primas para la cotización por Accidentes de Trabajo y Enfermedades Profesionales				
Cuadro I		Tipos de cotización		
Códigos CNAE-2009 y título de la actividad económica		IT	IMS	Total
8220	Actividades de los centros de llamadas.	0,80	0,70	1,50
8292	Actividades de envasado y empaquetado.	1,80	1,50	3,30
84	Administración Pública y defensa; Seguridad Social obligatoria (Excepto 842).	0,65	1,00	1,65
842	Prestación de servicios a la comunidad en general.	1,40	2,20	3,60
85	Educación.	0,80	0,70	1,50
86	Actividades sanitarias (Excepto 869).	0,80	0,70	1,50
869	Otras actividades sanitarias.	0,95	0,80	1,75
87	Asistencia en establecimientos residenciales.	0,80	0,70	1,50
88	Actividades de servicios sociales sin alojamiento.	0,80	0,70	1,50
90	Actividades de creación, artísticas y espectáculos.	0,80	0,70	1,50
91	Actividades de bibliotecas, archivos, museos y otras actividades culturales. (Excepto 9104).	0,80	0,70	1,50
9104	Actividades de los jardines botánicos, parques zoológicos y reservas naturales.	1,75	1,20	2,95
92	Actividades de juegos de azar y apuestas.	0,80	0,70	1,50
93	Actividades deportivas, recreativas y de entretenimiento (Excepto u).	1,70	1,30	3,00
u	Espectáculos taurinos.	2,85	3,35	6,20
94	Actividades asociativas.	0,65	1,00	1,65
95	Reparación de ordenadores, efectos personales y artículos de uso doméstico (Excepto 9524).	1,50	1,10	2,60
9524	Reparación de muebles y artículos de menaje.	2,00	1,85	3,85
96	Otros servicios personales (Excepto 9602, 9603 y 9609).	0,85	0,70	1,55
9602	Peluquería y otros tratamientos de belleza.	0,80	0,70	1,50
9603	Pompas fúnebres y actividades relacionadas.	1,80	1,50	3,30
9609	Otros servicios personales n.c.o.p.	1,50	1,10	2,60
97	Actividades de los hogares como empleadores de personal doméstico.	0,80	0,70	1,50
99	Actividades de organizaciones y organismos extraterritoriales.	1,20	1,15	2,35

Cuadro II	Tipos de cotización		
Tipos aplicables a ocupaciones y situaciones en todas las actividades	IT	IMS	Total
a	Personal en trabajos exclusivos de oficina.	0,80	0,70	1,50
b	Representantes de Comercio.	1,00	1,00	2,00
d	Personal de oficios en instalaciones y reparaciones en edificios, obras y trabajos de construcción en general.	3,35	3,35	6,70
f	Conductores de vehículo automóvil de transporte de mercancías que tenga una capacidad de carga útil superior a 3,5 Tm.	3,35	3,35	6,70
g	Personal de limpieza en general. Limpieza de edificios y de todo tipo de establecimientos. Limpieza de calles.	2,10	1,50	3,60
h	Vigilantes, guardas, guardas jurados y personal de seguridad.	1,40	2,20	3,60

Las **reglas de aplicación** son:

⇨ **Primera**. En los periodos de baja por incapacidad temporal y otras situaciones con suspensión de la relación laboral con obligación de cotización, continuará siendo de aplicación el tipo de cotización correspondiente a la respectiva actividad económica u ocupación.

⇨ **Segunda**. Para la determinación del tipo de cotización aplicable en función a lo establecido en la tarifa contenida en esta disposición se tomará como referencia lo previsto en su Cuadro I para identificar el tipo asignado en el mismo en razón de la actividad económica principal desarrollada por la empresa o por el trabajador por cuenta propia o autónomo, conforme a la Clasificación Nacional de Actividades Económicas (CNAE-2009), aprobada por Real Decreto 475/2007, de 13 de abril, y a los códigos que en la misma se contienen en relación con cada actividad.

Cuando en una empresa concurran, junto con la actividad principal, otra u otras que deban ser consideradas auxiliares respecto de aquella, el tipo de cotización será el establecido para dicha actividad principal. Cuando la actividad principal de la empresa concurra con otra que implique la producción de bienes o servicios que no se integren en el proceso productivo de la primera, disponiendo de medios de producción diferentes, el tipo de cotización aplicable con respecto a los trabajadores ocupados en este será el previsto para la actividad económica en que la misma quede encuadrada.

Cuando los trabajadores por cuenta propia realicen varias actividades que den lugar a una única inclusión en el Régimen Especial de Trabajadores por Cuenta Propia o Autónomos, el tipo de cotización aplicable será el más elevado de los establecidos para las actividades que lleve a cabo el trabajador.

⇨ **Tercera**. No obstante lo indicado en la regla anterior, cuando la ocupación desempeñada por el trabajador por cuenta ajena se corresponda con alguna de las enumeradas en el Cuadro II, el tipo de cotización aplicable será el previsto en dicho cuadro para la ocupación de que se trate, en tanto que el tipo correspondiente a tal ocupación difiera del que corresponda en razón de la actividad de la empresa.

A los efectos de la determinación del tipo de cotización aplicable a las ocupaciones referidas en la letra "a" del Cuadro II, se considerará "personal en trabajos exclusivos de oficina" a los trabajadores por cuenta ajena que, sin estar sometidos a los riesgos de la actividad económica de la empresa, desarrollen su ocupación exclusivamente en la realización de trabajos propios de oficina aun cuando los mismos se correspondan con la actividad de la empresa, y siempre que tales trabajos se desarrollen únicamente en los lugares destinados a oficinas de la empresa.

La determinación del tipo de cotización aplicable será efectuada, en los términos que reglamentariamente se establezca, por la Tesorería General de la Seguridad Social en función de la actividad económica declarada por la empresa o por el trabajador autónomo o, en su caso, por las ocupaciones o situaciones de los trabajadores, con independencia de que, para la formalización de la protección frente a las contingencias profesionales, se hubiera optado en favor de una entidad gestora de la Seguridad Social o de una entidad colaboradora de la misma.

El Gobierno procederá al correspondiente ajuste anual de los tipos de cotización incluidos en la tarifa recogida en la presente disposición, así como a la adaptación de las actividades económicas a las nuevas clasificaciones CNAE que se aprueben y a la supresión progresiva de las ocupaciones que se enumeran en la clasificación contenida en la referida tarifa.

A estos efectos, hay que tener en cuenta que el Real Decreto 10/2025, de 14 de enero, aprueba la Clasificación Nacional de Actividades Económicas 2025 (CNAE-2025). Entre el 1 de marzo y el 30 de junio de 2025 se deberá comunicar la codificación de la variable actividad económica de las unidades económicas comprendidas en los registros administrativos de la Tesorería General de la Seguridad Social que se utilizan para la generación de dicha variable del Directorio Central de Empresas del INE según la CNAE-2025.

7. Otras novedades en materia de normativa sociolaboral

⇨ Real Decreto 142/2024, de 6 de febrero, por el que se modifica el Reglamento del Impuesto sobre la Renta de las Personas Físicas, aprobado por el Real Decreto 439/2007, de 30 de marzo, en materia de retenciones e ingresos a cuenta.

⇨ Orden TES/106/2024, de 8 de febrero, por la que se determinan los gastos subvencionables por el Fondo Social Europeo Plus durante el período de programación 2021-2027.

⇨ Reforma del artículo 49 de la Constitución Española, de 15 de febrero de 2024.

⇨ Resolución de 5 de marzo de 2024, del Instituto Nacional de la Seguridad Social, por la que se determinan las prestaciones del sistema de la Seguridad Social cuya resolución se podrá adoptar de forma automatizada, los criterios de reparto para la asignación a las direcciones provinciales de la ordenación e instrucción de determinados procedimientos, y la dirección provincial competente para reconocer las pensiones cuando sea de aplicación un instrumento internacional de Seguridad Social.

⇨ Real Decreto 322/2024, de 26 de marzo, por el que se modifican el Reglamento General de Recaudación de la Seguridad Social, aprobado por el Real Decreto 1415/2004, de 11 de junio, y el Reglamento General sobre Cotización y Liquidación de otros Derechos de la Seguridad Social, aprobado por el Real Decreto 2064/1995, de 22 de diciembre.

⇨ Resolución de 19 de abril de 2024, de la Tesorería General de la Seguridad Social, por la que se modifica la de 16 de julio de 2004, sobre determinación de funciones en materia de gestión recaudatoria de la Seguridad Social.

⇨ Real Decreto 438/2024, de 30 de abril, por el que se desarrollan la Cartera Común de Servicios del Sistema Nacional de Empleo y los servicios garantizados establecidos en la Ley 3/2023, de 28 de febrero, de Empleo.

⇨ Orden ISM/386/2024, de 29 de abril, por la que se regula la suscripción de convenio especial con la Seguridad Social a efectos del cómputo de la cotización por los períodos de prácticas formativas y de prácticas académicas externas reguladas en la disposición adicional quincuagésima segunda del texto refundido de la Ley General de la Seguridad Social, aprobado por el Real Decreto Legislativo 8/2015, de 30 de octubre, realizadas con anterioridad a su fecha de entrada en vigor.

⇨ Real Decreto-ley 2/2024, de 21 de mayo, por el que se adoptan medidas urgentes para la simplificación y mejora del nivel asistencial de la protección por desempleo, y para completar la transposición de la Directiva (UE) 2019/1158 del Parlamento Europeo y del Consejo, de 20 de junio de 2019, relativa a la conciliación de la vida familiar y la vida profesional de los progenitores y los cuidadores, y por la que se deroga la Directiva 2010/18/UE del Consejo.

⇨ Real Decreto 505/2024, de 28 de mayo, por el que se regulan los reconocimientos médicos de aptitud y la protección de la salud de las personas trabajadoras del sector marítimo-pesquero embarcadas.

⇨ Orden ISM/614/2024, de 19 de junio, por la que se crea el Comité Antifraude del Ministerio de Inclusión, Seguridad Social y Migraciones y se establece su composición y funciones.

⇨ Real Decreto-ley 4/2024, de 26 de junio, por el que se prorrogan determinadas medidas para afrontar las consecuencias económicas y sociales derivadas de los conflictos en Ucrania y Oriente Próximo y se adoptan medidas urgentes en materia fiscal, energética y social.

⇨ Real Decreto 612/2024, de 2 de julio, por el que se modifica el Real Decreto 665/1997, de 12 de mayo, sobre la protección de los trabajadores contra los riesgos relacionados con la exposición a agentes cancerígenos durante el trabajo.

⇨ Real Decreto 659/2024, de 9 de julio, por el que se regula la concesión directa de determinadas subvenciones en el ámbito del empleo y de la formación en el trabajo para el ejercicio presupuestario 2024.

⇨ Real Decreto 665/2024, de 9 de julio, por el que se modifica el Reglamento General sobre Cotización y Liquidación de otros Derechos de la Seguridad Social, aprobado por el Real Decreto 2064/1995, de 22 de diciembre.

⇨ Resolución de 15 de julio de 2024, de la Secretaria de Estado de Trabajo, por la que se publica el Acuerdo del Consejo de Ministros de 2 de julio de 2024, por el que se aprueba el Plan Anual para el Fomento del Empleo Digno 2024.

⇨ Orden ISM/812/2024, de 26 de julio, por la que se modifica la Orden ISM/386/2024, de 29 de abril, por la que se regula la suscripción de convenio especial con la Seguridad Social a efectos del cómputo de la cotización por los períodos de prácticas formativas y de prácticas académicas externas reguladas en la disposición adicional quincuagésima segunda del texto refundido de la Ley General de la Seguridad Social, aprobado por el Real Decreto Legislativo 8/2015, de 30 de octubre, realizadas con anterioridad a su fecha de entrada en vigor.

⇨ Real Decreto 893/2024, de 10 de septiembre, por el que se regula la protección de la seguridad y la salud en el ámbito del servicio del hogar familiar.

⇨ Real 922/2024, de 17 de septiembre, por el que se modifiDecretoca el Real Decreto 183/2004, de 30 de enero, por el que se regula la tarjeta sanitaria individual.

⇨ Real Decreto 1026/2024, de 8 de octubre, por el que se desarrolla el conjunto planificado de las medidas para la igualdad y no discriminación de las personas LGTBI en las empresas.

⇨ Orden ISM/1089/2024, de 9 de octubre, por la que se fijan para el ejercicio 2024 las bases normalizadas de cotización a la Seguridad Social, por contingencias comunes, en el Régimen Especial de la Seguridad Social para la Minería del Carbón.

⇨ Resolución de 15 de octubre de 2024, de la Dirección General de Trabajo, por la que se publica la relación de fiestas laborales para el año 2025.

⇨ Real Decreto 1086/2024, de 22 de octubre, por el que se modifica el Reglamento de planes y fondos de pensiones, aprobado por el Real Decreto 304/2004, de 20 de febrero, para el impulso de los planes de pensiones de empleo.

⇨ Ley 3/2024, de 30 de octubre, para mejorar la calidad de vida de personas con Esclerosis Lateral Amiotrófica y otras enfermedades o procesos de alta complejidad y curso irreversible.

⇨ Real Decreto-ley 6/2024, de 5 de noviembre, por el que se adoptan medidas urgentes de respuesta ante los daños causados por la Depresión Aislada en Niveles Altos (DANA) en diferentes municipios entre el 28 de octubre y el 4 de noviembre de 2024.

⇨ Real Decreto-ley 7/2024, de 11 de noviembre, por el que se adoptan medidas urgentes para el impulso del Plan de respuesta inmediata, reconstrucción y relanzamiento frente a los daños causados por la Depresión Aislada en Niveles Altos (DANA) en diferentes municipios entre el 28 de octubre y el 4 de noviembre de 2024.

⇨ Orden TES/1291/2024, de 13 de noviembre, por la que se regula el Registro Electrónico de apoderamientos de la Inspección de Trabajo y Seguridad Social.

⇨ Orden TES/1324/2024, de 20 de noviembre, por la que se desarrolla el Real Decreto 417/2015, de 29 de mayo, por el que se aprueba el Reglamento de las Empresas de Trabajo Temporal.

⇨ Real Decreto-ley 8/2024, de 28 de noviembre, por el que se adoptan medidas urgentes complementarias en el marco del Plan de respuesta inmediata, reconstrucción y relanzamiento frente a los daños causados por la Depresión Aislada en Niveles Altos (DANA) en diferentes municipios entre el 28 de octubre y el 4 de noviembre de 2024.

⇨ Real Decreto 1248/2024, de 10 de diciembre, por el que se modifica el Real Decreto 818/2021, de 28 de septiembre, por el que se regulan los programas comunes de activación para el empleo del Sistema Nacional de Empleo.

⇨ Real Decreto 1282/2024, de 17 de diciembre, por el que se regula la concesión directa por el Servicio Público de Empleo Estatal de subvenciones destinadas a la contratación de personas desempleadas para la ejecución de obras y servicios para la recuperación, rehabilitación y reconstrucción de los municipios afectados por los daños causados por la Depresión Aislada en Niveles Altos (DANA) entre el 28 de octubre y el 4 de noviembre de 2024.

⇨ Orden HAC/1432/2024, de 11 de diciembre, por la que se modifica la Orden EHA/3127/2009, de 10 de noviembre, por la que se aprueba el modelo 190 para la Declaración del resumen anual de retenciones e ingresos a cuenta del Impuesto sobre la Renta de las Personas Físicas sobre rendimientos del trabajo y de actividades económicas, premios y determinadas ganancias patrimoniales e imputaciones de renta.

⇨ Real Decreto-ley 9/2024, de 23 de diciembre, por el que se adoptan medidas urgentes en materia económica, tributaria, de transporte, y de Seguridad Social, y se prorrogan determinadas medidas para hacer frente a situaciones de vulnerabilidad social. Derogado por Resolución del Congreso de los Diputados de 22 de enero de 2025.

⇨ Real Decreto-ley 11/2024, de 23 de diciembre, para la mejora de la compatibilidad de la pensión de jubilación con el trabajo.

⇨ Orden PJC/1473/2024, de 26 de diciembre, por la que se modifica la Orden PJC/51/2024, de 29 de enero, por la que se desarrollan las normas legales de cotización a la Seguridad Social, desempleo, protección por cese de actividad, Fondo de Garantía Salarial y formación profesional para el ejercicio 2024.

⇨ Orden ISM/1488/2024, de 27 de diciembre, por la que se regula la gestión colectiva de contrataciones en origen para 2025.

⇨ Real Decreto 10/2025, de 14 de enero, por el que se aprueba la Clasificación Nacional de Actividades Económicas 2025 (CNAE-2025).

⇨ Real Decreto 35/2025, de 21 de enero, sobre limitación de la cuantía inicial de las pensiones públicas y revalorización de las pensiones del sistema de la Seguridad Social, de las pensiones de Clases Pasivas del Estado y de otras prestaciones sociales públicas para el ejercicio 2025.

1. El artículo 19.2 del TRLGSS establece que las bases de cotización a la Seguridad Social tienen un tope máximo y mínimo fijados por la Ley de Presupuestos Generales del Estado.

2. La revalorización de las pensiones está regulada en el Real Decreto Ley 1/2025. La Ley 21/2021 introduce un nuevo sistema de revalorización y garantía del poder adquisitivo de las pensiones, modificando el artículo 58 del TRLGSS.

3. Según el Real Decreto Ley 1/2025 los importes de las prestaciones familiares son los siguientes.

    a) Asignación económica por hijo o menor a cargo sin discapacidad: 588,00 euros/año o 637,92 euros/año.

    b) Asignación económica por hijo o menor a cargo con discapacidad igual o superior al 33%: 1.000,00 euros/año.

    c) Asignación económica por hijo a cargo mayor de 18 años con discapacidad igual o superior al 65% será de 5.805,60 euros/año. Y con discapacidad igual o superior al 75% y necesidad de asistencia será de 8.707,20 euros/año.

    d) Prestación por nacimiento o adopción de hijo en casos especiales (familias numerosas, monoparentales, madres con discapacidad): 1.000,00 euros.

4. Los valores legales (interés legal del dinero e IPREM) están regulados en la Ley 31/2022, en tanto no sea aprobada la LPGE de este año.

5. El día 1 de septiembre del 2023 entraron en vigor los incentivos a la contratación laboral contenidos en el Real Decreto ley 1/2023, de medidas urgentes en materia de incentivos a la contratación laboral y mejora de la protección social de las personas artistas. Esta norma ha derogado muchas de las bonificaciones anteriores para sustituirlas por las nuevas bonificaciones.

6. La cotización por accidentes de trabajo y enfermedades profesionales se efectuará conforme a la tarifa de primas vigente.

UNIDAD DIDÁCTICA 2

*Revalorización de las pensiones
y de otras prestaciones
sociales públicas*

Contenido

1. Pensiones del sistema de la Seguridad Social en su modalidad contributiva

Las pensiones abonadas por el sistema de la Seguridad Social, **en su modalidad contributiva**, así como de Clases Pasivas del Estado:

1. Experimentarán en 2025 un incremento del 2,8 por 100 respecto del importe que habían tenido en 2024, todo ello sin perjuicio de las excepciones y especialidades que veremos a continuación y respetando los importes de garantía de las pensiones reconocidas al amparo de la legislación especial de guerra.

2. También se incrementarán según lo dispuesto en el párrafo anterior los importes de los haberes reguladores aplicables para la determinación inicial de las pensiones del Régimen de Clases Pasivas del Estado y de las pensiones especiales de guerra.

2. Pensiones del sistema de la Seguridad Social en su modalidad no contributiva, pensiones mínimas y otras prestaciones

Los importes de las pensiones mínimas del sistema de la Seguridad Social y de Clases Pasivas y del extinguido Seguro Obligatorio de Vejez e Invalidez (SOVI) no concurrentes, así como las pensiones del SOVI concurrentes con pensiones de viudedad de alguno de los regímenes del sistema de la Seguridad Social, de las prestaciones de la Seguridad Social por hijo a cargo con dieciocho o más años y con un grado de discapacidad igual o superior al 65 por ciento y del subsidio de movilidad y compensación para gastos de transporte, son los siguientes:

⇨ Tendrán 2025, de acuerdo con lo establecido en el Real Decreto Ley 1/2025, de 28 de enero, y en el Real Decreto 35/2025, de 21 de enero, un incremento del 2,8 por 100 respecto del importe que habían tenido en 2024.

⇨ La cuantía del límite de ingresos para el reconocimiento de complementos económicos para mínimos y de las prestaciones familiares de la Seguridad Social por hijo o menor a cargo y por familia numerosa serán los expresados en el propio Real Decreto Ley 1/2025, que establece para ellos también un incremento del 2,8 por 100 respecto a los establecidos para el año 2024.

3. Cuantías mínimas de las pensiones

⇨ **Cuantía mínima de las pensiones de modalidad contributiva** del Sistema de la Seguridad Social para el año 2025 se detallan en estas tablas:

Clase de pensión	Titulares		
	Con cónyuge a cargo Euros/año	Sin cónyuge: Unidad económica unipersonal Euros/año	Con cónyuge no a cargo Euros/año
Jubilación			
Titular con sesenta y cinco años.	15.786,40	12.241,60	11.620,00
Titular menor de sesenta y cinco años.	15.786,40	1.452,00	10.824,80
Titular con sesenta y cinco años procedente de gran invalidez.	23.678,20	18.362,40	17.430,00
Incapacidad permanente			
Gran invalidez.	23.678,20	18.362,40	17.430,00
Absoluta.	15.786,40	12.241,60	11.620,00
Total: Titular con sesenta y cinco años.	15.786,40	12.241,60	11.620,00
Total: Titular con edad entre sesenta y sesenta y cuatro años.	15.786,40	11.452,00	10.824,80
Total: Derivada de enfermedad común menor de sesenta años.	9.024,40	9.024,40	8.947,40
Parcial del régimen de accidentes de trabajo: Titular con sesenta y cinco años.	15.786,40	12.241,60	11.620,00
Viudedad			
Titular con cargas familiares.		15.786,40	
Titular con sesenta y cinco años o con discapacidad en grado igual o superior al 65 por 100.		12.241,60	
Titular con edad entre sesenta y sesenta y cuatro años.		11.452,00	
Titular con menos de sesenta años.		9.275,00	

Clase de pensión	Euros/año
Orfandad	
Por beneficiario.	3.745,00
Por beneficiario menor de 18 años con una discapacidad en grado igual o superior al 65 por 100.	7.361,20
En la orfandad absoluta el mínimo se incrementará en 9.275 euros/año distribuidos, en su caso, entre los beneficiarios.	
Prestación por orfandad	
Un beneficiario.	11.113,20
Varios beneficiarios: a repartir entre número de beneficiarios.	18.733,70
En favor de familiares	
Por beneficiario.	3.745,00
Si no existe viudo ni huérfano pensionistas:	
Un solo beneficiario con sesenta y cinco años.	9.044,00
Un solo beneficiario menor de sesenta y cinco años.	8.523,20
Varios beneficiarios: El mínimo asignado a cada uno de ellos se incrementará en el importe que resulte de prorratear 5.530 euros/año entre el número de beneficiarios.	

⇨ Hay que tener en cuenta, respecto de las **pensiones de viudedad**, que desde 1 de enero de 2019, por aplicación de lo dispuesto en el Real Decreto 900/2018, de 20 de julio, el porcentaje a aplicar a la base reguladora será del 60 por 100 -recordemos que el porcentaje ordinario es del 52 por 100- cuando concurran en el beneficiario las siguientes condiciones:

1. Haber cumplido una edad igual o superior a los 65 años.

2. No tener derecho a otra pensión pública española o extranjera.

3. No percibir ingresos por la realización de trabajo, ya sea por cuenta propia o ajena.

4. No percibir rendimientos del capital, de actividades económicas o ganancias patrimoniales, de acuerdo con el concepto establecido para dichas rentas en el Impuesto sobre la Renta de las Personas Físicas, que en cómputo anual superen el límite de ingresos establecido en la correspondiente Ley de Presupuestos Generales del Estado para ser beneficiario de la pensión mínima de viudedad.

⇨ **Límite de ingresos para el reconocimiento de complementos económicos por mínimos** en 2025:

- Sin cónyuge a cargo: 9.193,00 euros/año.

- Con cónyuge a cargo: 10.723,00 euros/año.

⇨ **Límite máximo de percepción de pensión pública**

El límite es 3.267,60 euros/mes o 45.746,40 euros/año.

⇨ **Pensiones del extinguido Seguro Obligatorio de Vejez e Invalidez (SOVI)**

- Pensiones del SOVI no concurrentes: 7.840,00 euros/año.

- Pensiones del SOVI concurrentes con pensiones de viudedad de alguno de los regímenes del sistema de la Seguridad Social o con alguna de estas pensiones y, además, con cualquier otra pensión pública de viudedad: 7.610,40 euros/año.

⇨ **Cuantía mínima de las pensiones de modalidad no contributiva**

- Cuantía: 7.905,80 euros/año.

- Complemento de pensión para el alquiler de vivienda: 525 euros anuales.

⇨ **Prestaciones familiares de la Seguridad Social**

De acuerdo con lo establecido en el Real Decreto Ley 1/2025 y en el Real Decreto 35/2025, la cuantía de estas prestaciones será, en el año 2025, la siguiente:

- La cuantía de la asignación económica establecida en el artículo 353.1 del TRLGSS será en cómputo anual de 588,00 euros.

- Los límites de ingresos para tener derecho a la asignación económica por hijo o menor a cargo, a que se refieren los párrafos primero y segundo del artículo 352.1.c) del TRLGSS, quedan fijados en 14.952,00 euros anuales y, si se trata de familias numerosas, en 22.501,00 euros, incrementándose en 3.646,00 euros por cada hijo a cargo a partir del cuarto, este incluido.

- Sin perjuicio de lo anterior, la cuantía de la asignación económica establecida en el artículo 353.1 del TRLGSS será en cómputo anual de 637,92 euros en los casos en que los ingresos del hogar sean inferiores según la siguiente escala:

Integrantes del hogar		Intervalos de ingresos	Asignación íntegra anual euros
Personas > = 14 años (M)	Personas < 14 años (N)		
1	1	5.685 o menos	637,92 x H
1	2	6.996 o menos	637,92 x H
1	3	8.307 o menos	637,92 x H
2	1	7.870 o menos	637,92 x H
2	2	9.181 o menos	637,92 x H
2	3	10.492 o menos	637,92 x H
3	1	10.056 o menos	637,92 x H
3	2	11.367 o menos	637,92 x H
3	3	12.677 o menos	637,92 x H
M	N	4.373 + [(4.373 × 0,5 × (M-1)) + (4.373 × 0,3 × N)] o menos.	637,92 x H

Beneficiarios:
H = Hijos a cargo menores de 18.
N = número de menores de 14 años en el hogar.
M = número de personas de 14 o más años en el hogar

- Asignación económica por hijo o menor a cargo con un grado de discapacidad igual o superior al 33 por ciento: 1.000,00 euros/año.

- Asignación económica por hijo a cargo mayor de 18 años con discapacidad:

  ▶ Con un grado de discapacidad igual o superior al 65 por ciento 5.805,60 euros/año.

  ▶ Con un grado de discapacidad igual o superior al 75 por ciento y con necesidad de concurso de otra persona para la realización de los actos esenciales de la vida: 8.707,20 euros/año.

- Prestación por nacimiento o adopción de hijo, en supuestos de familias numerosas, monoparentales y de madres con discapacidad establecida en el artículo 357 y cuya cuantía se recoge en el artículo 358, ambos del TRLGSS: 1.000,00 euros.

 Hay que recordar que en el año 2020 se produjo una importante novedad en el ámbito de la **protección social**, al publicar el Boletín Oficial del Estado del día 1 de junio de 2020, el **Real Decreto-ley 20/2020, de 29 de mayo**, por el que se establece el Ingreso Mínimo Vital (IMV), actualmente regulado en la Ley 19/2021, de 20 de diciembre. Se trata de una prestación dirigida a prevenir el riesgo de pobreza y exclusión social de las personas que vivan solas o integradas en una unidad de convivencia, cuando se encuentren en una situación de vulnerabilidad por el hecho de no tener recursos económicos suficientes para cubrir sus necesidades básicas.

Veamos a continuación, en síntesis, el contenido básico de esta importante norma, que constituye, sin duda, un elemento de progreso en nuestro sistema de protección social.

3.1. Acción protectora del Sistema de la Seguridad Social

Esta prestación económica **forma parte de la acción protectora del Sistema de la Seguridad Social en el nivel no contributivo**, que será gestionada, excepto en los territorios forales, por el Instituto Nacional de la Seguridad Social -que podrá suscribir convenios de gestión con las comunidades autónomas y los entes locales-, y se establece sin perjuicio de las ayudas que las comunidades autónomas puedan disponer en el ejercicio de sus competencias en materia de asistencia social. El Ministro de Inclusión, Seguridad Social y Migraciones, en la presentación del IMV el día 24 de mayo de 2020, señaló que la previsión del Gobierno es que esta nueva prestación llegará a 850.000 familias en el conjunto del Estado, lo que supone dar cobertura a 2,3 millones de personas. Los datos facilitados por el propio Gobierno en noviembre de 2024 indican que el IMV ha llegado a 913.361 hogares y ha protegido a las 2.713.241 personas que forman parte de ellos.

3.2. Beneficiarios del IMV

En cuanto a los **beneficiarios del IMV**, pueden ser las personas integrantes de una unidad de convivencia en los términos que establece el artículo 6 de la Ley 19/2021, constituida -salvo excepciones- menos durante el año anterior a la solicitud licitud del IMV. También pueden ser beneficiarias las personas de al menos 23 años y menores de 65 años -salvo que se trate de víctimas de violencia de género o tráfico de seres humanos y explotación sexual- que viven solas, o que, compartiendo domicilio con una unidad de convivencia, no se integran, siempre que no haya vínculo conyugal o como pareja de hecho, y no formen parte de otra unidad de convivencia. En este último caso -con excepciones para víctimas o personas en trámite de separación o divorcio, entre otros-, se debe acreditar al menos 12 meses, continuados o no, en situación de alta en cualquiera de los regímenes que integran el sistema de la Seguridad Social y siempre que acredite que su domicilio ha sido distinto al de sus progenitores, tutores o acogedores durante tres años inmediatamente anteriores a la solicitud.

3.3. Requisitos básicos para acceder a la prestación

Los **requisitos básicos para acceder a la prestación**, recogidos en el artículo 7 de la Ley 19/2021, hacen referencia a la residencia en España -con excepciones para menores y víctimas- menos de un año anterior ininterrumpido -excepto ausencias inferiores a 90 días o por enfermedad- antes de la solicitud, la acreditación de la situación de vulnerabilidad económica por tener ingresos o rentas inferiores al menos en 10 euros al importe del IMV -arts. 8 y 18 de la Ley 19/2021-, la acreditación de solicitud de las prestaciones a que se pueda tener derecho y de la inscripción como demandantes de empleo en el caso de mayores de edad o emancipados parados. A estos efectos, hay que tener en cuenta que no computan como rentas, entre otros, los salarios sociales, rentas mínimas de inserción o ayudas sociales análogas concedidas por las comunidades autónomas, ni las becas, ayudas de estudios, ayudas para vivienda, emergencia o similares. En ningún caso pueden acceder a este IMV -excepto en el caso de las víctimas ya referidas- las personas usuarias de una prestación de servicio residencial, de carácter social, sanitario o sociosanitario, con carácter permanente y financiada con fondos públicos.

3.4. Cuantía y el pago del IMV

La **cuantía y el pago del IMV** se regulan en los artículos 9-11 de la Ley 19/2021. El derecho se hace efectivo por meses naturales a partir del día primero del mes siguiente al de la presentación de la solicitud. En 2025 la cuantía para un único beneficiario es de 7.905,72 euros mensuales.

En el caso de una unidad de convivencia, se aplica la siguiente escala:

	Nº de personas de la unidad de convivencia				
	1	2	3	4	5+
Renta garantizada	7.905,72 €	10.277,52 €	12.649,20 €	15.021,00 €	17.392,68 €
	658,81 €	856,46 €	1.054,10 €	1.251,75 €	1.449,39 €
y complemento de...					
Discapacidad*	9.645,00 €	12.016,80 €	14.388,48 €	16.760,28 €	19.131,96 €
	803,75 €	1.101,40 €	1.199,04 €	1.396,69 €	1.594,33 €
Monoparentalidad	–	12.016,80 €	14.388,48 €	16.760,28 €	19.131,96 €
	–	1.101,40 €	1.199,04 €	1.396,69 €	1.594,33 €

	Nº de personas de la unidad de convivencia				
	1	2	3	4	5+
Monoparentalidad y discapacidad*	–	13.756,08 €	16.127,76 €	18.499,56 €	20.871,24 €
	–	1.146,34 €	1.134,98 €	1.541,63 €	1.739,27 €

Grado de discapacidad igual o superior al 65%.

Complemento mensual de ayuda a la infancia por cada menor miembro de la unidad de convivencia:

Menores de 3 años	Mayores de 3 años y menores de 6 años	Mayores de 6 años y menores de 18 años
115,00 €	80,50 €	57,50 €

Únicamente se podrá acceder al IMV si los ingresos son inferiores a la renta garantizada, y la cantidad recibida será la necesaria para que el beneficiario alcance este umbral económico. La renta garantizada en el año 2025 es la siguiente:

⇨ Para un beneficiario individual, la renta garantizada es de 7.905,72 euros al año, o 658,81 euros al mes.

⇨ En el caso de una unidad de convivencia, su renta garantizada se incrementa en un 30% por cada miembro adicional. Sin embargo, a partir de 5 miembros la cantidad deja de aumentar, por lo que la renta garantizada de la unidad de convivencia no puede superar el 220% de una renta individual. Por lo tanto, para una unidad de 5 miembros o más, la renta garantizada será de 17.392,68 euros anuales, o 1.449,39 euros mensuales.

En unidades de convivencia monoparentales, se añade un 22% de una renta garantizada individual a la cantidad percibida. Por otra parte, si algún miembro de la unidad tiene un grado de discapacidad reconocido igual o superior al 65%, se añadirá otro complemento de cuantía igual que la del complemento por monoparentalidad.

3.5. Causas de suspensión y extinción del IMV

Las **causas de suspensión y extinción del IMV** se recogen en los artículos 14 y 15 de la Ley 19/2021, y se exige a los beneficiarios que comuniquen cualquier circunstancia que pueda afectar a su derecho en un plazo máximo de 30 días desde que se produzca. También se regula la estructura orgánica y participativa relacionada con esta nueva prestación, así como el régimen de infracciones y sanciones aplicable.

3.6. Reconocimiento automático

Finalmente, de manera transitoria, se estableció el **reconocimiento automático** de una prestación económica de IMV a los beneficiarios de la asignación económica de la Seguridad Social por hijo o menor a cargo -la prestación por hijo a cargo sin discapacidad o con discapacidad inferior al 33% ya no se puede solicitar a partir del día 1 de junio de 2020-, siempre que la cuantía sea inferior a la del IMV y cumplan los requisitos establecidos en la disposición transitoria primera del RDL 20/2020. Fuera de este caso peculiar, las solicitudes se pudieron presentar a partir del 15 de junio de 2020, con efectos económicos a 1 de junio de 2020 siempre que la presentación se haya hecho en un plazo máximo de 3 meses. Si no es así, los efectos económicos se producirán a partir del día primero del mes siguiente al de la presentación de la solicitud.

1. Las pensiones del sistema de la Seguridad Social en su modalidad contributiva experimentarán en 2025 un incremento del 2,8% respecto del importe del año 2024.

2. Los importes de las pensiones mínimas del sistema de la Seguridad Social y de Clases Pasivas y del extinguido Seguro Obligatorio de Vejez e Invalidez (SOVI) no concurrentes, así como las pensiones del SOVI concurrentes con pensiones de viudedad de alguno de los regímenes del sistema de la Seguridad Social, de las prestaciones de la Seguridad Social por hijo a cargo con 18 o más años y con un grado de discapacidad igual o superior al 65% y del subsidio de movilidad y compensación para gastos de transporte son los siguientes:

    •   Tendrán en 2025, de acuerdo con lo establecido en el Real Decreto Ley 1/2025, un incremento del 2,8% respecto del importe que habían tenido en 2024.

    •   La cuantía del límite de ingresos para el reconocimiento de complementos económicos para mínimos y de las prestaciones familiares de la Seguridad Social por hijo o menor a cargo y por familia numerosa serán los expresados en el propio Real Decreto Ley 1/2025, que stablece para ellos también un incremento del 2,8%.

3. Las pensiones abonadas por el sistema de la Seguridad Social, en su modalidad contributiva, se han revalorizado, con carácter general durante 2025.

UNIDAD DIDÁCTICA 3

Orden por la que se desarrollan las normas legales de cotización

Contenido

1. Cotización a la Seguridad Social: Régimen General

> Según la **Orden PJC/178/2025, de 25 de febrero**, por la que se desarrollan las normas legales de cotización a la Seguridad Social, desempleo, protección por cese de actividad, Fondo de Garantía Salarial y formación profesional para el ejercicio 2025, se establece el régimen general de cotización.

En los contratos de trabajo a jornada completa, para determinar la base de cotización correspondiente a cada mes por las contingencias comunes en el Régimen General, se aplicarán las siguientes normas:

⇨ **Primera**. Se computará la remuneración devengada en el mes a que se refiere la cotización.

⇨ **Segunda**. A la remuneración computada conforme a la norma anterior se añadirá la parte proporcional de las gratificaciones extraordinarias establecidas y de aquellos otros conceptos retributivos que tengan una periodicidad en su devengo superior a la mensual o que no tengan carácter periódico y se satisfagan dentro del ejercicio económico del año 2025. A tal efecto, el importe anual estimado de dichas gratificaciones extraordinarias y demás conceptos retributivos se dividirá entre 365, y el cociente que resulte se multiplicará por el número de días que comprenda el periodo de cotización de cada mes. En el caso de que la remuneración que corresponda al trabajador tenga carácter mensual, el indicado importe anual se dividirá entre 12.

⇨ **Tercera**. Si la base de cotización que resulte de acuerdo con las normas anteriores no estuviese comprendida entre la cuantía de la base mínima y de la máxima correspondiente al grupo de cotización de la categoría profesional del trabajador, se cotizará por la base mínima o máxima según que la resultante sea inferior a aquella o superior a esta. La indicada base mínima será de aplicación cualquiera que fuese el número de horas trabajadas diariamente, excepto en aquellos supuestos en que por disposición legal se establece lo contrario. Además, hay que tener en cuenta que el tope mínimo de cotización será el equivalente al importe del SMI vigente (1.184,00 euros mensuales, tal como establece el Real Decreto 87/2015, de 11 de febrero) incrementados en un sexto, quedando establecida la base mínima de cotización para el año 2025 en 1.381,20 euros mensuales o 46,04 euros diarios.

También en los contratos de trabajo a jornada completa, para determinar la base de cotización correspondiente a cada mes por las **contingencias de accidentes de trabajo y enfermedades profesionales**, se aplicarán las normas primera y segunda cuyo contenido acabamos de ver. La cantidad que así resulte no podrá ser superior a 4.909,50 euros mensuales ni inferior a 1.381,20 euros.

A partir del 1 de enero de 2025, los **tipos de cotización** al Régimen General serán los siguientes:

⇨ Para las contingencias comunes, el 28,30 por ciento, del que el 23,60 por ciento será a cargo de la empresa y el 4,70 por ciento a cargo del trabajador.

⇨ Para el Mecanismo de Equidad Intergeneracional (MEI), un 0,8 por ciento sobre la Base de cotización de contingencias comunes, del cual el trabajador asume el 0,13 por ciento.

⇨ Para las contingencias de accidentes de trabajo y enfermedades profesionales, se aplicarán los tipos de la tarifa de primas establecidas en la Disposición Adicional cuarta de la Ley 42/2006, de 28 de diciembre, de Presupuestos Generales del Estado para el año 2007, siendo las primas resultantes a cargo exclusivo de la empresa. A estos efectos, hay que tener en cuenta que el Real Decreto 10/2025, de 14 de enero, ha aprobado la Clasificación Nacional de Actividades Económicas 2025 (CNAE-2025).

⇨ En este año 2025 comienza a aplicarse por primera vez la Cotización Adicional de Solidaridad que recoge el artículo 19.bis del TRLGSS. El importe de las retribuciones que se integran en la base de cotización que supere el importe de la base máxima de cotización establecida para las personas trabajadoras por cuenta ajena del sistema de la Seguridad Social, quedará sujeto, en toda liquidación de cuotas, a una cotización adicional de solidaridad de acuerdo con los tramos que se recogen en ese artículo 19.bis y en la Disposición Transitoria 42ª del propio TRLGSS. En el año 2025 la cuota de solidaridad será el resultado de aplicar un tipo del 0,92 por ciento a la parte de retribución comprendida entre la base máxima de cotización y la cantidad superior a la referida base máxima en un 10 por ciento; el tipo del 6 por ciento a la parte de retribución comprendida entre el 10 por ciento superior a la base máxima de cotización y el 50 por ciento; y rl tipo del 7 por ciento a la parte de retribución que supere el anterior porcentaje.

Las bases máximas y mínimas para las contingencias comunes son las que exponemos a continuación, tal como aparecen en la Orden PJC/178/2025, de 25 de febrero.

Grupo de cotización	Categorías profesionales	Bases mínimas Euros/día	Bases máximas Euros/día
1	Ingenieros y Licenciados. Personal de alta dirección no incluido en el artículo 1.3.c) del Estatuto de los Trabajadores.	1.929,00	4.909,50
2	Ingenieros Técnicos, Peritos y Ayudantes Titulados.	1.599,60	4.909,50
3	Jefes Administrativos y de Taller.	1.391,70	4.909,50
4	Ayudantes no Titulados.	1.381,20	44.909,50
5	Oficiales Administrativos.	1.381,20	4.909,50
6	Subalternos.	1.381,20	4.909,50
7	Auxiliares Administrativos.	1.381,20	4.909,50
8	Oficiales de primera y segunda.	46,04	163,65
9	Oficiales de tercera y Especialistas.	46,04	163,65
10	Peones.	46,04	163,65
11	Trabajadores menores de dieciocho años, cualquiera que sea su categoría profesional.	46,04	163,65

2. Cotización Sistema Especial Agrario y Sistema Especial de Empleados de Hogar

En el caso del **Sistema Especial Agrario**, durante los periodos de actividad:

⇨ **Bases mensuales aplicables**

A partir del 1 de enero de 2025 las bases mensuales aplicables para los trabajadores incluidos en este sistema especial que presten servicios durante todo el mes se determinarán conforme a lo establecido en el artículo 147 del TRLGSS, con aplicación de las siguientes bases máxima y mínima.

Grupo de cotización	Categorías profesionales	Bases mínimas Euros/mes	Bases máximas Euros/mes
1	Ingenieros y Licenciados. Personal de alta dirección no incluido en el artículo 1.3.c) del Estatuto de los Trabajadores.	1.929,00	4.909,50
2	Ingenieros Técnicos, Peritos y Ayudantes Titulados.	1.599,60	4.909,50
3	Jefes Administrativos y de Taller.	1.391,70	4.909,50
4	Ayudantes no Titulados.	1.391,70	4.909,50
5	Oficiales Administrativos.	1.391,70	4.909,50
6	Subalternos.	1.391,70	4.909,50
7	Auxiliares Administrativos.	1.391,70	4.909,50
8	Oficiales de primera y segunda.	1.391,70	4.909,50
9	Oficiales de tercera y Especialistas.	1.391,70	4.909,50
10	Peones.	1.391,70	4.909,50
11	Trabajadores menores de 18 años.	1.391,70	4.909,50

Esta modalidad de cotización mensual resultará de aplicación con carácter obligatorio para los trabajadores por cuenta ajena con contrato indefinido, sin incluir entre estos a los que presten servicios con carácter fijo discontinuo, respecto a los cuales tendrá carácter opcional.

⇨ **Bases diarias de cotización por jornadas reales**

A partir del 1 de enero de 2025, las bases diarias de cotización por jornadas reales correspondientes a cada uno de los grupos de trabajadores que realicen labores agrarias por cuenta ajena y respecto a los cuales no se hubiera optado por la modalidad de cotización prevista anteriormente se determinarán conforme a lo establecido en el artículo 147 del TRLGSS, con aplicación de las siguientes bases máxima y mínima:

Grupo de cotización	Categorías profesionales	Bases mínimas diarias de cotización Euros	Bases máximas diarias de cotización Euros
1	Ingenieros y Licenciados. Personal de alta dirección no incluido en el artículo 1.3.c) del Estatuto de los Trabajadores.	83,87	213,46
2	Ingenieros Técnicos, Peritos y Ayudantes Titulados.	69,55	213,46
3	Jefes Administrativos y de Taller.	60,51	213,46
4	Ayudantes no Titulados.	60,05	213,46
5	Oficiales Administrativos.	60,05	213,46
6	Subalternos.	60,05	213,46
7	Auxiliares Administrativos.	60,05	213,46
8	Oficiales de primera y segunda.	60,05	213,46
9	Oficiales de tercera y Especialistas.	60,05	213,46
10	Peones.	60,05	213,46
11	Trabajadores menores de 18 años.	60,05	213,46

Cuando se realicen en el mes natural 22 o más jornadas reales, la base de cotización correspondiente a las mismas será la establecida con carácter general en el primero de los cuadros de este apartado.

⇨ **Periodos de inactividad**

En el año 2025, la base mensual de cotización aplicable para los trabajadores por cuenta ajena incluidos en este sistema especial, **durante los periodos de inactividad será de 1.381,20 euros**.

Los **tipos aplicables** a la cotización de los trabajadores por cuenta ajena incluidos en este sistema especial serán los siguientes:

1. Durante los **periodos de actividad**: para la cotización por contingencias comunes, respecto a los trabajadores encuadrados en el grupo de cotización 1, el **28,30 por ciento**, siendo el 23,60 por ciento a cargo de la empresa y el 4,70 por ciento a cargo del trabajador. Además, se cotizará el 0,8 por ciento al Mecanismo de Equidad Intergeneracional (0,67 la empresa y 0,13 el trabajador). Respecto a los trabajadores encuadrados en los grupos de cotización 2 a 11, el **25,66 por ciento**, siento del 20,96 por ciento a cargo de la empresa y el 4,70 por ciento a cargo del trabajador. Para la cotización por contingencias de accidentes de trabajo y enfermedades profesionales, se aplicarán los tipos de la tarifa de primas establecida en la Disposición Adicional cuarta de la Ley 42/2006, de 28 de diciembre, siendo las primas resultantes a cargo exclusivo de la empresa.

2. Durante los **periodos de inactividad, el tipo de cotización será el 11,50 por ciento,** siendo la cotización resultante a cargo exclusivo del trabajador. Con efectos desde el 1 de enero de 2025, a los trabajadores que hubiesen realizado un máximo de 55 jornadas reales cotizadas en el año 2022 se les aplicará a las cuotas resultantes durante los periodos de inactividad en 2025 una reducción del 19,11 por ciento.

⇨ **Reducciones en las aportaciones empresariales**

Durante el año 2025, se aplicarán las siguientes **reducciones en las aportaciones empresariales a la cotización a este sistema especial durante los periodos de actividad** con prestación de servicios:

1. En la cotización respecto a los trabajadores encuadrados en el grupo de cotización 1, se aplicará una reducción de 8,10 puntos porcentuales de la base de cotización, resultando un tipo efectivo de cotización por contingencias comunes del 15,50 por ciento. En ningún caso la cuota empresarial resultante será superior a 279,00 euros al mes o 12,68 euros por jornada real trabajada.

2. En la cotización respecto a los trabajadores encuadrados en los grupos de cotización 2 al 11, la reducción se ajustará a la siguiente regla:

$$\text{\% reducción mes o jornada año 2025}$$
$$= \text{\% reducción año 2021 a la base mes o jornada de 2025}$$
$$+[\ \frac{8,10\% - \text{\% reducción año 2021 a la base mes o jornada 2025}}{10}\ ]\,4$$

⇨ **Diversas situaciones**

Durante las **situaciones de incapacidad temporal, riesgo durante el embarazo y riesgo durante la lactancia natural, así como de maternidad y paternidad causadas durante la situación de actividad,** la cotización se efectuará en función de la modalidad de contratación de los trabajadores:

a) Respecto de los trabajadores agrarios con contrato indefinido, la cotización durante las referidas situaciones se regirá por las normas aplicables con carácter general en el Régimen General de la Seguridad Social. El tipo de cotización a aplicar será:

1. Para los trabajadores encuadrados en el grupo de cotización 1, el tipo del 15,50 por ciento, aplicable a la base de cotización por contingencias comunes.

2. Para los trabajadores encuadrados en los grupos de cotización 2 a 11, el tipo del 2,75 por ciento, aplicable a la base de cotización por contingencias comunes.

b) Respecto de los trabajadores agrarios con contrato temporal y fijo discontinuo, resultará de aplicación lo establecido en el párrafo a) en relación a los días contratados en los que no hayan podido prestar sus servicios por encontrarse en alguna de las situaciones antes indicadas.

En cuanto a **los días en los que no esté prevista la prestación de servicios, estos trabajadores estarán obligados a ingresar la cotización correspondiente a los periodos de inactividad, excepto en los supuestos de percepción de los subsidios por nacimiento y cuidado del menor y corresponsabilidad en el cuidado del lactante**, que tendrán la consideración de periodos de cotización efectiva a efectos de las correspondientes prestaciones por jubilación, incapacidad permanente y muerte y supervivencia.

⇨ **Percepción de la prestación por desempleo**

Durante la **percepción de la prestación por desempleo de nivel contributivo**, si corresponde cotizar en este sistema especial, el tipo de cotización será el 11 por ciento. Con relación a los trabajadores incluidos en el sistema especial, no resultará de aplicación la cotización adicional por horas extraordinarias.

Respecto del **Sistema Especial de Empleados de Hogar**, a partir del 1 de enero de 2025, las **bases de cotización por contingencias comunes** a este sistema especial serán las determinadas en la escala siguiente, en función de la retribución percibida por los empleados de hogar por cada relación laboral **cada relación laboral:**

Tramo	Retribución mensual Euros/mes				Base de cotización Euros/mes
1.º			Hasta	319,00	296,00
2.º	Desde	319,01	Hasta	495,00	423,00
3.º	Desde	495,01	Hasta	672,00	484,00
4.º	Desde	672,01	Hasta	850,00	761,00
5.º	Desde	850,01	Hasta	1.029,00	941,00
6.º	Desde	1.029,01	Hasta	1.204,00	1.116,00
7.º	Desde	1.204,01	Hasta	1.381,20	1.381,20
8.º	Desde	1.381,21			Retribución mensual

A efectos de la determinación de la retribución mensual del empleado de hogar, el importe percibido mensualmente deberá ser incrementado con la parte proporcional de las pagas extraordinarias que tenga derecho a percibir el empleado.

Durante el año 2025, el **tipo de cotización por contingencias comunes**, sobre la base de cotización que corresponda según lo indicado en el apartado anterior, **será el 28,30 por ciento, siendo el 23,60 por ciento a cargo del empleador y el 4,70 por ciento a cargo del empleado**.

Para la **cotización por contingencias profesionales**, sobre la base de cotización que corresponda se aplicará el tipo de cotización previsto en la tarifa de primas aprobada por la Disposición Adicional cuarta de la Ley 42/2006, de 28 de diciembre, siendo la cuota resultante a cargo exclusivo del empleador.

Para el **mecanismo de equidad intergeneracional**, se aplicará el tipo del 0,8 por ciento sobre la base de cotización por contingencias comunes, del que el 0,67 por ciento será a cargo del empleador y el 0,13 por ciento, a cargo del trabajador.

Desde el 1 de enero de 2025 será aplicable una reducción del 20 por ciento en la aportación empresarial a la cotización a la Seguridad Social por contingencias comunes en este sistema especial.

Serán **beneficiarias** de dicha reducción las personas que tengan contratada o contraten, bajo cualquier modalidad contractual, y hayan dado de alta en el Régimen General de la Seguridad Social, a una persona trabajadora del hogar.

Asimismo, tendrán una bonificación del 80 por ciento en las aportaciones empresariales a la cotización por desempleo y al Fondo de Garantía Salarial en ese sistema especial.

Se aplicará una bonificación del 45 por ciento en la aportación empresarial a la cotización a la Seguridad Social por contingencias comunes en este sistema especial, en el caso de familias numerosas que tengan contratado o contraten a un empleado de hogar antes de la fecha en que entre en vigor el desarrollo reglamentario a que alude el artículo 122.cuatro.5 de la Ley 31/2022, de 23 de diciembre. Los que vinieran aplicando la bonificación prevista en el artículo 9 de la Ley 40/2003, de 18 de noviembre, de protección a las familias numerosas, mantendrán su vigencia hasta la fecha de efectos de la baja de los cuidadores que den derecho a las mismas en el Régimen General de la Seguridad Social.

3. Cotización de colectivos especiales del Régimen General

Para la **cotización de los artistas**, a partir del 1 de enero de 2025 la **base máxima de cotización por contingencias comunes** para todas las categorías profesionales de los artistas será de 4.909,50 euros mensuales. El tope máximo de las bases de cotización en razón de las actividades realizadas por un artista, para una o varias empresas, tendrá carácter anual y se determinará por la elevación a cómputo anual de la base mensual máxima señalada. Las bases de cotización a cuenta para determinar la cotización de los artistas serán, a partir de 1 de enero de 2025 y para todos los grupos de cotización, las siguientes:

Retribuciones íntegras	Euros/día
Hasta 555,00 euros	327,00
Entre 555,01 y 999,00 euros	412,00
Entre 999,01 y 1.672,00 euros	492,00
Mayor o igual a 1672,01 euros	653,10

Por lo que hace referencia a la **cotización de los profesionales taurinos,** a partir del 1 de enero de 2025 la base máxima de cotización por contingencias comunes para todas las categorías de los profesionales taurinos será de 4.909,50 euros mensuales. El tope máximo de las bases de cotización para los profesionales taurinos tendrá carácter anual y se determinará por la elevación a cómputo anual de la base mensual máxima señalada. Las bases de cotización para determinar las liquidaciones provisionales por los profesionales taurinos serán, a partir del 1 de enero de 2025 y para cada grupo de cotización, las siguientes:

Grupo de cotización	Euros/día
1	1.514,00
2	1.396,00
3	1.047,00
7	626,00

Para la **cotización en el Sistema Especial para las tareas de manipulado y empaquetado de tomate fresco dentro del Régimen General de la Seguridad Social,** dispone el art. 13 de la Orden PJC/178/2025, de 25 de febrero, que, desde el 1 de enero de 2025, los empresarios encuadrados en ese sistema especial tendrán derecho a una reducción del 50 por ciento y una bonificación del 7,50 por ciento en dicha aportación empresarial a la cotización por contingencias comunes.

La aportación a la cotización por todas las contingencias de los empresarios incluidos en este sistema especial se llevará a cabo de acuerdo con lo establecido con carácter general para el Régimen General de la Seguridad Social y mediante el Sistema de Liquidación Directa de cuotas (SILTRA).

Finalmente, el artículo 47 de la Orden PJC/178/2025, de 25 de febrero, regula la cotización en el año 2025 por la realización de prácticas formativas o prácticas académicas externas incluidas en programas de formación. La cotización en el supuesto de prácticas formativas remuneradas se efectuará aplicando las reglas de cotización correspondientes a los contratos formativos en alternancia, sin superar en ningún caso las cuotas fijas establecidas en la propia Orden PJC/178/2025. En el supuesto de prácticas formativas no remuneradas, la cotización consistirá en una cuota empresarial, por cada día de prácticas, de 2,79 euros por contingencias comunes excluida la prestación de incapacidad temporal y de 0,34 euros por contingencias profesionales, sin que pueda superarse la cuota máxima mensual por contingencias comunes de 63,44 euros y por contingencias profesionales de 7,71 euros, de los que 3,99 euros corresponden a la contingencia de incapacidad temporal y 3,72 euros, a las de incapacidad permanente y muerte y supervivencia. De la cuota diaria por contingencias profesionales de 0,34 euros, 0,18 euros corresponderán a la contingencia de incapacidad temporal y 0,16 euros a las contingencias de incapacidad permanente y muerte y supervivencia.

En el año 2025, para ambos casos de prácticas, a las cuotas por contingencias comunes les resultará de aplicación la reducción del 95. A estas reducciones de cuotas les resultará de aplicación lo establecido en el artículo 20 del TRLGSS, a excepción de lo establecido en sus apartados 1 y 3. Las prácticas formativas, tanto en el caso de las remuneradas como no remuneradas, quedan excluidas de la cotización finalista para el mecanismo de equidad intergeneracional y para la cotización adicional de solidaridad.

4. Cotización RETA

A partir del 1 de enero de 2025 (recordemos la transitoriedad establecida por la Disposición Transitoria 1ª del RDL 13/2022) estos son **los tipos y bases de cotización por contingencias comunes**.

Tipos de cotización:

a) Para las contingencias comunes, el 28,30 por ciento. Cuando, conforme a lo dispuesto en el artículo 315 del TRLGSS, se tenga cubierta la incapacidad temporal en otro régimen de la Seguridad Social, se aplicará una reducción en la cuota que correspondería ingresar de acuerdo con el tipo para contingencias comunes equivalente a multiplicar el coeficiente reductor del 0,055 por dicha cuota.

b) Para el Mecanismo de Equidad Intergeneracional, se aplicará el tipo del 0,8 por ciento sobre la base de cotización por contingencias comunes.

c) Para formación profesional, el 0,1 por ciento.

d) Para las contingencias profesionales, el 1,30 por ciento, del que el 0,66 por ciento corresponde a la contingencia de incapacidad temporal y el 0,64 por ciento a las de incapacidad permanente y muerte y supervivencia.

Los trabajadores incluidos en este régimen especial que no tengan cubierta la protección dispensada a las contingencias derivadas de accidentes de trabajo y enfermedades profesionales efectuarán una cotización adicional equivalente al 0,10 por ciento, aplicado sobre la base de cotización elegida, para la financiación de las prestaciones previstas en los capítulos VIII y IX del título II del TRLGSS.

 El Real Decreto Ley 13/2022, de 26 de julio, por el que se establece un nuevo sistema de cotización para los trabajadores por cuenta propia o autónomos y se mejora la protección por cese de actividad, ha modificado el TRLGSS en esta materia y ha modificado sustancialmente el sistema de cotización en este Régimen Especial. Así, a partir de 1 de enero de 2025, las reglas son las que se indican a continuación.

Las personas trabajadoras por cuenta propia o autónomas incluidas cotizarán en función de los **rendimientos anuales** obtenidos en el ejercicio de sus actividades económicas, empresariales o profesionales. A estos efectos, se tendrán en cuenta la totalidad de los rendimientos netos obtenidos por los referidos trabajadores, durante cada año natural, por sus distintas actividades profesionales o económicas, aunque el desempeño de algunas de ellas no determine su inclusión en el sistema de la Seguridad Social y con independencia de que las realicen a título individual o como socios o integrantes de cualquier tipo de entidad, con o sin personalidad jurídica, siempre y cuando no deban figurar por ellas en alta como trabajadores por cuenta ajena o asimilados a estos.

Las personas trabajadoras por cuenta propia o autónomas deberán **elegir la base de cotización mensual que corresponda en función de su previsión del promedio mensual de sus rendimientos netos anuales** dentro de la tabla general o de la tabla reducida de bases fijada en la respectiva Ley de Presupuestos Generales del Estado. Los familiares de las personas trabajadoras por cuenta propia o autónomas incluidas en este régimen especial así como los denominados autónomos societarios, recogidos en las letras b) y e) del artículo 305.2 del TRLGSS, no podrán elegir una base de cotización mensual inferior a aquella que determine la correspondiente Ley de Presupuestos Generales del Estado como base de cotización mínima para contingencias comunes para los trabajadores incluidos en el Régimen General de la Seguridad Social del grupo de cotización 7. Para la aplicación de esta base de cotización mínima bastará con haber figurado noventa días en alta en este régimen especial, en cualquiera de los supuestos contemplados en las referidas letras, durante el período a regularizar al que se refiere la letra c).

En todos los casos, las bases de cotización mensuales elegidas dentro de cada año conforme a lo indicado anteriormente, tendrán carácter **provisional, hasta que se proceda a su regularización**. A estos efectos, a los rendimientos netos obtenidos realmente por la persona trabajadora autónoma se aplicará una deducción por gastos genéricos del 7 por 100 -3 por 100 si se trata de autónomos societarios- y se distribuirán proporcionalmente entre todo el periodo a regularizar, procediendo la Tesorería General de la Seguridad Social a regularizar las bases de cotización en aquellos casos en los que la elegida por la persona trabajadora autónoma fuera superior o inferior a la debida y generando, según proceda, la liquidación complementaria correspondiente o la devolución que corresponda. En ningún casos se regularizarán aquellos periodos en los que la persona trabajadora autónoma haya percibido alguna prestación ni aquellos que hubieran servido como base para el cálculo del importe de la misma.

La Ley de Presupuestos Generales del Estado establecerá anualmente una **tabla general y una tabla reducida de bases de cotización** para este régimen especial. Ambas tablas se dividirán en tramos consecutivos de importes de rendimientos netos mensuales. A cada uno de dichos tramos de rendimientos netos se asignará una base de cotización mínima mensual y una base de cotización máxima mensual.

La **tabla para el año 2025** es la siguiente:"

	Tramos rendimientos netos 2025	Base mínima Euros/mes	Base máxima Euros/mes
Tabla reducida	Tramo 1	<= 670	653,59	718,94
	Tramo 2	> 670 y <= 900	718,95	900
	Tramo 3	> 900 y < 1.166,70	849,67	1.166,70
Tabla general	Tramo 1	>= 1.166,70 y <= 1.300	950,98	1.300
	Tramo 2	> 1.300 y <=1.500	960,78	1.500
	Tramo 3	> 1.500 y <=1.700	960,78	1.700
	Tramo 4	> 1.700 y <=1.850	1.143,79	1.850
	Tramo 5	> 1.850 y <=2.030	1.209,15	2.030
	Tramo 6	> 2.030 y <=2.330	1.274,51	2.330
	Tramo 7	> 2.330 y <=2.760	1.356,21	2.760
	Tramo 8	> 2.760 y <=3.190	1.437,91	3.190
	Tramo 9	> 3.190 y <=3.620	1.519,61	3.620
	Tramo 10	> 3.620 y <= 4.050	1.601,31	4.050
	Tramo 11	> 4.050 y <=6.000	1.732,03	4.139,40
	Tramo 12	> 6.000	1.928,10	4.139,40

Las personas trabajadoras por cuenta propia o autónomas deberán cambiar **su base de cotización**, en los términos que se determinen reglamentariamente, a fin de ajustar su cotización anual a las previsiones que vayan teniendo de sus rendimientos netos anuales, pudiendo optar a tal efecto por cualquiera de las bases de cotización comprendidas en las tablas aprobadas cada año por la correspondiente Ley de Presupuestos Generales del Estado.

Estos cambios podrán realizarse en los siguientes periodos:

a) 1 de marzo, si la solicitud se formula entre el 1 de enero y el último día natural del mes de febrero.

b) 1 de mayo, si la solicitud se formula entre el 1 de marzo y el 30 de abril.

c) 1 de julio, si la solicitud se formula entre el 1 de mayo y el 30 de junio.

d) 1 de septiembre, si la solicitud se formula entre el 1 de julio y el 31 de agosto.

e) 1 de noviembre, si la solicitud se formula entre el 1 de septiembre y el 31 de octubre.

f) 1 de enero del año siguiente, si la solicitud se formula entre el 1 de noviembre y el 31 de diciembre.

Junto con la solicitud de cambio de su base de cotización mensual, los trabajadores deberán efectuar una declaración del promedio mensual de los rendimientos económicos netos anuales que prevean obtener por su actividad económica o profesional en el año natural en el que surta efectos dicho cambio de base de cotización.

5. Cotización en supuestos especiales

En situaciones de incapacidad temporal, riesgo durante el embarazo, riesgo durante la lactancia natural, nacimiento y cuidado del menor y ejercicio corresponsable del cuidado del lactante, y en los casos de compatibilidad del subsidio por nacimiento y cuidado del menor con periodos de descanso en régimen de jornada a tiempo parcial. En estas situaciones, la base de cotización aplicable para las contingencias comunes será la del mes anterior al del hecho causante de la incapacidad temporal, de las situaciones de riesgo durante el embarazo o de riesgo durante la lactancia natural y por ejercicio corresponsable del cuidado del lactante y la base de cotización del mes anterior al mes previo al del hecho causante del inicio del disfrute de los períodos de descanso por nacimiento y cuidado de menor. Se aplicarán las siguientes reglas:

⇨ **Primera**. En el supuesto de remuneración que se satisfaga con carácter diario, hubiere o no permanecido en alta en la empresa el trabajador durante todo el mes natural anterior, el importe de la base de cotización de dicho mes se dividirá por el número de días a que se refiera la cotización. El cociente resultante será la base diaria de cotización, que se multiplicará por el número de días en que el trabajador permanezca en situación de incapacidad temporal, riesgo durante el embarazo, riesgo durante la lactancia natural o de disfrute de los períodos de descanso por nacimiento y cuidado del menor o por ejercicio corresponsable del cuidado del lactante, para determinar la base de cotización durante dicha situación.

⇨ **Segunda**. Cuando el trabajador tuviera remuneración mensual y hubiese permanecido en alta en la empresa durante todo el mes natural anterior al de la iniciación de dichas situaciones, la base de cotización de ese mes se dividirá por 30. Si no hubiera permanecido en alta en la empresa durante todo el mes natural anterior, el importe de la base de cotización de dicho mes se dividirá por el número de días a que se refiere la cotización. En ambos casos, el cociente resultante será la base diaria de cotización, que se multiplicará por 30 de permanecer todo el mes en la situación de incapacidad temporal, riesgo durante el embarazo, riesgo durante la lactancia natural o de disfrute de los períodos de descanso por nacimiento y cuidado del menor o por ejercicio corresponsable del cuidado del lactante, o por la diferencia existente entre dicha cifra y el número de días que realmente haya trabajado en dicho mes.

⇨ **Tercera**. Cuando el trabajador hubiera ingresado en la empresa en el mismo mes en que haya iniciado alguna de las situaciones a que se refiere este artículo, se aplicará a ese mes lo establecido en las reglas precedentes.

Para calcular la base de cotización, a efectos de las **contingencias de accidentes de trabajo y enfermedades profesionales, durante las situaciones de incapacidad temporal, riesgo durante el embarazo, riesgo durante la lactancia natural y nacimiento y cuidado del menor o por ejercicio corresponsable del cuidado del lactante**, a fin de determinar la cotización que por el concepto de horas extraordinarias corresponde efectuar, se tendrá en cuenta el promedio de las efectivamente realizadas y cotizadas durante el año inmediatamente anterior a la fecha de iniciación de dichas situaciones.

A tal efecto, el número de horas realizadas se dividirá por 12 o 365, según que la remuneración del trabajador se satisfaga o no con carácter mensual. En estas situaciones continuará siendo de aplicación el tipo de cotización correspondiente a la respectiva actividad económica u ocupación en su caso, de conformidad con la tarifa de primas establecida en la Disposición Adicional cuarta de la Ley 42/2006, de 28 de diciembre.

Cuando se compatibilice la percepción del subsidio por nacimiento y cuidado de menor con el disfrute de los periodos de descanso en régimen de jornada a tiempo parcial, la base de cotización vendrá determinada por los dos sumandos siguientes:

⇨ Base reguladora del subsidio, en proporción a la fracción de jornada correspondiente al periodo de descanso.

⇨ Remuneraciones sujetas a cotización, en proporción a la jornada efectivamente realizada.

Otros supuestos son:

⇨ **Sin remuneración computable**

Cuando el trabajador permanezca en alta en el Régimen General de la Seguridad Social y se mantenga la obligación de cotizar conforme a lo dispuesto en el artículo 144.2 del TRLGSS, sin que perciba remuneración computable, se tomará como base de cotización la mínima correspondiente al grupo de su categoría profesional. A efectos de cotización por las contingencias de accidentes de trabajo y enfermedades profesionales se tendrá en cuenta el tope mínimo de cotización establecido.

⇨ **Situación de pluriempleo**

Finalmente, cuando el trabajador se encuentre en **situación de pluriempleo** se aplicarán las siguientes normas:

1. Para las **contingencias comunes**:

   - **Primera**. El tope máximo de las bases de cotización, establecido en 4.909,50 euros mensuales, se distribuirá entre todas las empresas en proporción a la remuneración abonada al trabajador en cada una de ellas.

   - **Segunda**. Cada una de las empresas cotizará por los conceptos retributivos computables que satisfaga al trabajador, con el límite que corresponda a la fracción del tope máximo que se le asigne.

   - **Tercera**. La base mínima correspondiente al trabajador, según su categoría profesional, se distribuirá entre las distintas empresas y será aplicada para cada una de ellas en forma análoga a la señalada para el tope máximo. Si al trabajador le correspondieran diferentes bases mínimas de cotización por su clasificación laboral, se tomará para su distribución la base mínima de superior cuantía.

2. Para las **contingencias de accidentes de trabajo y enfermedades profesionales**:

   - **Primera**. El tope máximo de la base de cotización, establecido en **4.909,50 euros** mensuales, se distribuirá entre todas las empresas en proporción a la remuneración abonada al trabajador en cada una de ellas.

   - **Segunda**. El tope mínimo de cotización se distribuirá entre las distintas empresas y será aplicado para cada una de ellas en forma análoga a la señalada para el tope máximo.

   - **Tercera**. La base de cotización será para cada empresa la que resulte de acuerdo con las normas generales, con los límites que se le hayan asignado según los apartados anteriores.

⇨ **Contratos temporales**

La Orden de Cotización de 2025 establece un incremento en la cuota empresarial por contingencias comunes en los **contratos temporales de corta duración**. Así, a partir del 1 de enero de 2025, los contratos de duración determinada inferior a 30 días -salvo los de sustitución, los contratos para formación y el aprendizaje y los contratos para la formación en alternancia- tendrán una cotización adicional de de 32,60 euros a cargo del empresario a la finalización de los mismos. Esta cotización adicional no se aplicará en el Sistema Especial para Trabajadores por Cuenta Ajena Agrarios, en el Sistema Especial para Empleados de Hogar o en el Régimen Especial para la Minería del Carbón, en la relación laboral especial de las personas artistas que desarrollan su actividad en las artes escénicas, audiovisuales y musicales, así como de las personas que realizan actividades, técnicas o auxiliares necesarias para el desarrollo de dicha actividad.

⇨ **Abono de salarios con carácter retroactivo**

Por lo que hace referencia a la **cotización en los supuestos de abono de salarios con carácter retroactivo**, el ingreso de las liquidaciones que deban efectuarse a la Seguridad Social, Desempleo, Fondo de Garantía Salarial y Formación Profesional como consecuencia de ellos, se realizará en los plazos señalados en el artículo 56.1.c) del Reglamento General de Recaudación de la Seguridad Social, aprobado por el Real Decreto 1415/2004, de 11 de junio. En dichos supuestos, el ingreso se efectuará mediante la correspondiente liquidación complementaria, a cuyo fin se tomarán las bases, topes, tipos y condiciones vigentes en los meses a que los citados salarios correspondan. De igual forma se liquidarán aquellas gratificaciones que no puedan ser objeto de cuantificación anticipada total o parcialmente, a efectos del prorrateo establecido en el artículo 1 de la Orden de Cotización de 2025, a cuyo fin las empresas deberán formalizar una liquidación complementaria por las diferencias de cotización relativas a los meses del año ya transcurridos, e incrementar, en la parte que corresponda, las cotizaciones pendientes de ingresar durante el ejercicio económico del año 2025.

⇨ **Otros supuestos**

Respecto de la **cotización por percepciones correspondientes a vacaciones devengadas y no disfrutadas**, y que sean retribuidas a la finalización de la relación laboral, serán objeto de liquidación y cotización complementaria a la del mes de la extinción del contrato. La liquidación y cotización complementaria comprenderá los días de duración de las vacaciones, aun cuando alcancen también el siguiente mes natural o se inicie una nueva relación laboral durante los mismos, sin prorrateo alguno y con aplicación, en su caso, del tope máximo de cotización correspondiente al mes o meses que resulten afectados. No obstante, en los supuestos en que, mediante Ley o en ejecución de la misma, se establezca que la remuneración a percibir por el trabajador deba incluir la parte proporcional correspondiente a las vacaciones devengadas, se aplicarán las normas generales de cotización.

Finalmente, en lo relativo a la **cotización por los salarios de tramitación**, de acuerdo con lo dispuesto en el artículo 268.6 del TRLGSS, el empresario es el sujeto responsable del cumplimiento de la obligación de cotizar por los salarios de tramitación en los supuestos a que se refiere el artículo 56 del TRLET, sin perjuicio de su derecho a reclamar del Estado el importe de las cuotas correspondientes a dichos salarios en los términos previstos en el artículo 56.5 de esta última Ley y en el Real Decreto 418/2014, de 6 de junio, por el que se modifica el procedimiento de tramitación de las reclamaciones al Estado por salarios de tramitación en juicios por despido y demás disposiciones complementarias. El ingreso de las cuotas correspondientes se efectuará en el plazo previsto en el artículo 56.1.c), 4.º del Reglamento General de Recaudación de la Seguridad Social.

También prevé la Orden de Cotización de 2025 ciertos **tipos de cotización en supuestos especiales**. Son los siguientes:

1. El tipo de cotización por incapacidad temporal derivada de contingencias comunes en los supuestos a que se refiere el artículo 152 del texto refundido de la Ley General de la Seguridad Social, será 1,55 por ciento, del que el 1,30 por ciento será a cargo de la empresa y el 0,25 por ciento a cargo del trabajador.

2. El tipo de cotización por incapacidad temporal en los supuestos a que se refiere el artículo 311 del texto refundido de la Ley General de la Seguridad Social será el 1,56 por ciento para los trabajadores por cuenta propia o autónomos y para los trabajadores por cuenta propia del Régimen Especial de los Trabajadores del Mar.

3. El tipo de cotización por incapacidad temporal en los supuestos a que se refiere el artículo 311 del texto refundido de la Ley General de la Seguridad Social será el 3,30 o el 2,80 por ciento, según proceda, para trabajadores por cuenta propia agrarios incluidos en el sistema especial a que se refiere el artículo 16 de la Orden.

4. Desde el 1 de enero de 2025, a los bomberos a que se refiere el Real Decreto 383/2008, de 14 de marzo, por el que se establece el coeficiente reductor de la edad de jubilación en favor de los bomberos al servicio de las administraciones y organismos públicos, a los miembros del Cuerpo de la Ertzaintza a que se refiere la disposición adicional vigésima del texto refundido de la Ley General de la Seguridad Social, a los miembros de los cuerpos de Policía local al servicio de las administraciones locales a que se refiere el Real Decreto 1449/2018, de 14 de diciembre, por el que se establece el coeficiente reductor de la edad de jubilación en favor de los policías locales al servicio de las entidades que integran la Administración local, a los miembros del Cuerpo de Mossos d'Esquadra a que se refiere la disposición adicional vigésima bis del texto refundido de la Ley General de la Seguridad Social, y a los miembros de la Policía Foral de Navarra a que se refiere la disposición adicional vigésima ter del texto refundido de la Ley General de la Seguridad Social les será de aplicación un tipo de

cotización adicional sobre la base de cotización por contingencias comunes del 10,60 por ciento, del que el 8,84 por ciento será a cargo de la empresa y el 1,76 por ciento, a cargo del trabajador. A esta cotización adicional no se le aplicará el mecanismo de equidad intergeneracional.

6. Cotización de los contratos a tiempo parcial

La cotización a la Seguridad Social, Desempleo, Fondo de Garantía Salarial y Formación Profesional derivada de los contratos de trabajo a tiempo parcial se efectuará **en razón de la remuneración efectivamente percibida en función de las horas trabajadas** en el mes que se considere. Para determinar la **base de cotización mensual correspondiente a las contingencias comunes** se aplicarán las siguientes normas:

⇨ **Primera**. Se computará la remuneración devengada por las horas ordinarias y complementarias en el mes a que se refiere la cotización, cualquiera que sea su forma o denominación, con independencia de que haya sido satisfecha diaria, semanal o mensualmente.

⇨ **Segunda**. A dicha remuneración se adicionará la parte proporcional que corresponda en concepto de descanso semanal y festivos, pagas extraordinarias y aquellos otros conceptos retributivos que tengan una periodicidad en su devengo superior a la mensual o que no tengan carácter periódico y se satisfagan dentro del año 2025.

⇨ **Tercera**. Si la base de cotización mensual, calculada conforme a las normas anteriores, fuese inferior a las bases mínimas que se indican en la siguiente tabla, o superior a las máximas establecidas con carácter general para los distintos grupos de categorías profesionales, se tomarán estas o aquellas, respectivamente, como bases de cotización:

Grupo de cotización	Categorías profesionales	Base mínima por hora Euros
1	Ingenieros y Licenciados. Personal de alta dirección no incluido en el artículo 1.3.c) del Estatuto de los Trabajadores.	11,62
2	Ingenieros Técnicos, Peritos y Ayudantes Titulados.	9,64
3	Jefes Administrativos y de Taller.	8,38
4	Ayudantes no Titulados.	8,32
5	Oficiales Administrativos.	7,97
6	Subalternos.	8,32
7	Auxiliares Administrativos.	8,32

Grupo de cotización	Categorías profesionales	Base mínima por hora Euros
8	Oficiales de primera y segunda.	8,32
9	Oficiales de tercera y Especialistas.	8,32
10	Personas trabajadores mayores de dieciocho años no cualificados.	8,32
11	Personas trabajadores menores de dieciocho años, cualquiera que sea su categoría profesional.	8,32

Para determinar la **base de cotización por las contingencias de accidentes de trabajo y enfermedades profesionales**, así como por desempleo, Fondo de Garantía Salarial y formación profesional, se computará, asimismo, la remuneración correspondiente a las horas extraordinarias motivadas por fuerza mayor realizadas, teniéndose en cuenta las normas primera y segunda del que acabamos de estudiar. En ningún caso, la base así obtenida podrá ser superior, a partir del 1 de enero de 2025, al tope mínimo de **4.909,50 euros mensuales ni inferior a 8,32 euros por cada hora trabajada**. Con independencia de su inclusión en la base de cotización por desempleo, en el cálculo de la base reguladora de la prestación se excluirá la retribución por estas horas extraordinarias.

La remuneración que obtengan los trabajadores a tiempo parcial por el concepto de horas extraordinarias motivadas por fuerza mayor a las que se refiere el artículo 35.3 del TRLET, queda sujeta a la correspondiente cotización adicional.

Siguiendo con estos contratos a tiempo parcial, **la cotización en los supuestos de incapacidad temporal, riesgo durante el embarazo, riesgo durante la lactancia natural y nacimiento y cuidado del menor** se realizará sobre una base diaria de cotización igual a la base reguladora diaria de la correspondiente prestación. En las situaciones de incapacidad temporal y de maternidad en las que no se haya causado derecho al respectivo subsidio, la base diaria de cotización se calculará, asimismo, en función de la base reguladora diaria de la prestación que hubiera correspondido, de haberse causado derecho a la misma. Esta base de cotización se aplicará durante todos los días naturales en que el trabajador permanezca en alguna de las situaciones antes indicadas.

Cuando el trabajador a tiempo parcial preste sus servicios en dos o más empresas en régimen de **contratación a tiempo parcial**, cada una de ellas cotizará en razón de la remuneración que le abone. Si la suma de las retribuciones percibidas sobrepasase el tope máximo de cotización a la Seguridad Social, este se distribuirá en proporción a las abonadas al trabajador en cada una de las empresas.

Finalmente, en aquellos supuestos en que los trabajadores hayan acordado con su empresa que la **totalidad de las horas de trabajo** que anualmente deben realizar se presten en determinados periodos de cada año, percibiendo todas las remuneraciones anuales o las correspondientes al periodo inferior de que se trate, en esos periodos de trabajo concentrado, existiendo periodos de inactividad superiores al mensual, la cotización a la Seguridad Social se efectuará de acuerdo con las siguientes reglas:

⇨ **Primera**. La base de cotización se determinará al celebrarse el contrato de trabajo y al inicio de cada año en que el trabajador se encuentre en dicha situación, computando el importe total de las remuneraciones que tenga derecho a percibir el trabajador a tiempo parcial en ese año, con exclusión en todo caso de los importes correspondientes a los conceptos no computables en la base de cotización a la Seguridad Social, de acuerdo con lo establecido en el artículo 23 del Reglamento general de cotización aprobado por Real Decreto 2064/1995, de 22 de diciembre.

⇨ **Segunda**. El importe obtenido se prorrateará entre los doce meses del año o del periodo inferior de que se trate, determinándose de este modo la cuantía de la base de cotización correspondiente a cada uno de ellos y con independencia de que las remuneraciones se perciban íntegramente en los periodos de trabajo concentrado o de forma prorrateada a lo largo del año o periodo inferior respectivo.

⇨ **Tercera**. La base mensual de cotización, calculada conforme a las reglas anteriores, no podrá ser inferior al importe de las bases mínimas establecidas.

⇨ **Cuarta**. Si al final del ejercicio o periodo inferior de que se trate, el trabajador con contrato a tiempo parcial, subsistiendo su relación laboral, hubiese percibido remuneraciones por importe distinto al inicialmente considerado en ese año o periodo para determinar la base mensual de cotización durante el mismo, conforme a las reglas anteriores, se procederá a realizar la correspondiente regularización. A tal efecto, el empresario deberá o bien practicar la correspondiente liquidación complementaria de cuotas por las diferencias en más y efectuar el pago dentro del mes de enero del año siguiente o del mes siguiente a aquel en que se extinga la relación laboral, o bien solicitar, en su caso, la devolución de las cuotas que resulten indebidamente ingresadas.

⇨ **Quinta**. Asimismo, la Administración de la Seguridad Social podrá efectuar de oficio las liquidaciones de cuotas y acordar las devoluciones solicitadas que sean procedentes, en especial, en los supuestos de extinción de la relación laboral de estos trabajadores con contrato a tiempo parcial por jubilación ordinaria o anticipada, por reconocimiento de la pensión por incapacidad permanente, por fallecimiento o por cualquier otra causa, con la consiguiente baja en el régimen correspondiente de la Seguridad Social y cese en la obligación de cotizar.

Estas peculiaridades en la cotización no serán de aplicación a los trabajadores fijos-discontinuos a que se refiere el artículo 16 del TRLET, en la redacción dada al mismo por el Real Decreto-ley 32/2021, de 28 de diciembre.

7. Coeficientes reductores

Desde el 1 de enero de 2025, los coeficientes reductores que han de aplicarse a las cuotas devengadas por las **empresas excluidas de alguna contingencia** serán los siguientes:

⇨ En las empresas excluidas de la contingencia de incapacidad temporal derivada de enfermedad común o accidente no laboral, se aplicará el coeficiente 0,055, correspondiendo el 0,046 a la cuota empresarial y el 0,009 a la cuota del trabajador.

⇨ En el supuesto de exclusión de las contingencias de incapacidad temporal, nacimiento y cuidado del menor, ejercicio corresponsable del cuidado del lactante, riesgo durante el embarazo y riesgo durante la lactancia natural, respecto a los funcionarios públicos y demás personal a que se refiere la disposición adicional tercera del texto refundido de la Ley General de la Seguridad Social, se aplicará el coeficiente del 0,065, correspondiendo el 0,054 a la aportación empresarial y el 0,011 a la aportación del trabajador.

Desde el 1 de enero de 2025 se fija en el 31,00 por ciento el coeficiente para determinar la cantidad que deben ingresar las empresas autorizadas a colaborar en la gestión de la asistencia sanitaria e incapacidad temporal derivadas de las contingencias de accidentes de trabajo y enfermedades profesionales en concepto de aportación para el sostenimiento de los servicios comunes de la Seguridad Social y de contribución a los demás gastos generales y a las exigencias de solidaridad nacional.

En el **convenio especial** se aplicarán, a partir del 1 de septiembre de 2025, los siguientes coeficientes:

a) Cuando el convenio especial tenga por objeto la cobertura de todas las prestaciones derivadas de contingencias comunes a excepción de los subsidios por incapacidad temporal, riesgo durante el embarazo, riesgo durante la lactancia natural, maternidad y paternidad, el 0,94.

b) Cuando el convenio especial se hubiera suscrito con anterioridad a 1 de enero de 1998 y tenga por objeto la cobertura de las prestaciones de jubilación, incapacidad permanente y muerte y supervivencia derivadas de contingencias comunes, y servicios sociales, el 0,77.

c) En los supuestos de convenio especial suscrito con anterioridad a 1 de enero de 1998 por trabajadores contratados a tiempo parcial y en los supuestos de reducción de la jornada de trabajo con disminución proporcional del salario, el 0,77. Si el convenio especial se hubiera suscrito con posterioridad a 1 de enero de 1998, en los indicados supuestos o durante la situación de alta especial motivada por huelga legal o cierre patronal, el 0,94.

d) En los supuestos de trabajadores perceptores del subsidio de desempleo, con derecho a cotización por la contingencia de jubilación, que suscriban el convenio especial regulado por el artículo 24 de la Orden TAS/2865/2003, de 13 de octubre:

- Por la totalidad de la base de cotización elegida por el interesado, para la cobertura de las contingencias de incapacidad permanente y muerte y supervivencia, el 0,14.

- Por la diferencia entre dicha base de cotización y aquella por la que cotice en cada momento el Servicio Público de Empleo Estatal, para la cobertura de la contingencia de jubilación, el 0,80.

- Si el convenio especial se hubiera suscrito con anterioridad a 1 de enero de 1998 o trajera su causa de expedientes de regulación de empleo autorizados con anterioridad a esa misma fecha, se aplicarán los siguientes coeficientes:

   ▶ Por la totalidad de la base de cotización elegida por el interesado, para la cobertura de las contingencias de incapacidad permanente y muerte y supervivencia, el 0,33.

   ▶ Por la diferencia entre dicha base de cotización y aquella por la que cotice en cada momento el Servicio Público de Empleo Estatal, para la cobertura de la contingencia de jubilación, el 0,40.

e) En los convenios especiales regulados por el Real Decreto 2805/1979, de 7 de diciembre, sobre inclusión en el Régimen General de la Seguridad Social de los españoles no residentes en territorio nacional que ostenten la condición de funcionarios o empleados de organizaciones internacionales intergubernamentales, cuando se hubieren suscrito antes de 1 de enero de 2000, se aplicará el 0,77. A los suscritos con posterioridad a dicha fecha les será de aplicación el 0,94.

f) En los supuestos de convenio especial suscrito por quienes pasen a prestar servicios en la Administración de la Unión Europea, para la cobertura de las prestaciones por incapacidad permanente, el 0,25.

g) En los convenios especiales suscritos al amparo del Real Decreto 996/1986, de 25 de abril, por el que se regula la suscripción de convenio especial de emigrantes e hijos de emigrantes, se aplicará el 0,77.

h) En los convenios especiales suscritos al amparo del Real Decreto 615/2007, de 11 de mayo, por el que se regula la Seguridad Social de los cuidadores de las personas en situación de dependencia, se aplicará el 0,77. Igualmente, se efectuará una cotización por formación profesional en una cuantía equivalente al 0,20 por ciento de la base de cotización a que se refiere el artículo 4.1 del citado Real Decreto.

i) En los convenios especiales suscritos al amparo de lo dispuesto en la Disposición Adicional primera del Real Decreto 1493/2011, de 24 de octubre, por el que se regulan los términos y las condiciones de inclusión en el Régimen General de la Seguridad Social de las personas que participen en programas de formación, en desarrollo de lo previsto en la Disposición Adicional tercera de la Ley 27/2011, de 1 de agosto, se aplicará el 0,77.

j) En los convenios especiales suscritos al amparo del Real Decreto 156/2013, de 1 de marzo, por el que se regula la suscripción de convenio especial por las personas con discapacidad que tengan especiales dificultades de inserción laboral, se aplicará el 0,89.

Para determinar la cotización en estos supuestos se calculará la cuota íntegra aplicando a la base de cotización que corresponda el tipo único de cotización vigente en el Régimen General, y el resultado obtenido se multiplicará por el coeficiente que en cada caso corresponda, constituyendo el producto que resulte la cuota a ingresar.

La cotización a la Seguridad Social y por las demás contingencias protegidas respecto a los trabajadores que hubieran celebrado un **contrato para la formación y el aprendizaje o un contrato formativo en alternancia** se efectuará conforme a las siguientes reglas:

⇨ Cuando la base de cotización mensual por contingencias comunes, determinada conforme a las reglas establecidas en el régimen de la Seguridad Social que corresponda, no supere la base mínima mensual de cotización de dicho régimen:

1. La cotización a la Seguridad Social consistirá en una cuota única mensual de 67,13 euros por contingencias comunes, de los que 55,97 euros serán a cargo del empresario y 11,16 euros, a cargo de la persona trabajadora, y de 7,71 euros por contingencias profesionales, a cargo del empresario, de los que 3,99 euros corresponden a incapacidad temporal y 3,72 euros, a incapacidad permanente y muerte y supervivencia.

2. La base de cotización por desempleo será la base mínima correspondiente a las contingencias por accidentes de trabajo y enfermedades profesionales, a la que será de aplicación el tipo y la distribución del mismo a que se refiere el artículo 33.2.a).1.º

3. La cotización al Fondo de Garantía Salarial consistirá en una cuota mensual de 4,25 euros, a cargo del empresario.

4. La cotización por formación profesional consistirá en una cuota mensual de 2,36 euros, de los que 2,09 euros serán a cargo del empresario y 0,27 euros, a cargo de la persona trabajadora.

⇨ Cuando la base de cotización mensual por contingencias comunes, determinada conforme a las reglas establecidas en el régimen de la Seguridad Social que corresponda, supere la base mínima mensual de cotización de dicho régimen, a las cuotas únicas a que se refiere el párrafo a) se les sumarán las cuotas resultantes de aplicar, al importe en que la base de cotización exceda de la base mínima, los siguientes tipos de cotización:

1. Para la cotización a la Seguridad Social por contingencias comunes, el 28,30 por ciento, del que el 23,60 por ciento será a cargo del empresario y el 4,70 por ciento a cargo del trabajador, y para la cotización por contingencias profesionales, el tipo que corresponda de la tarifa de primas establecida en la disposición adicional cuarta de la Ley 42/2006, de 28 de diciembre, a cargo del empresario.

2. Para la cotización por desempleo, al Fondo de Garantía Salarial y por formación profesional, los tipos y la distribución de los mismos a que se refieren los párrafos a).1.º, b) y c) del apartado 2 del artículo 31 de la Orden de Cotización para 2025.

Finalmente, para determinar la cotización que corresponde efectuar por los trabajadores **beneficiarios del subsidio de desempleo** a que se refiere el artículo 280 TRLGSS, incluidos los trabajadores por cuenta ajena de carácter fijo del Sistema Especial para Trabajadores por Cuenta Ajena Agrarios, establecido en el Régimen General de la Seguridad Social, se aplicará el coeficiente reductor 0,20, a deducir de la cuota íntegra resultante.

1. Según la Orden PJC/178/2025, de 25 de febrero, por la que se desarrollan las normas legales de cotización a la Seguridad Social, desempleo, protección por cese de actividad, Fondo de Garantía Salarial y formación profesional para el ejercicio 2025, se establece el régimen general de cotización.

2. En el caso del Sistema Especial Agrario, a partir del 1 de enero de 2025, las bases mensuales aplicables para los trabajadores incluidos en este sistema especial que presten servicios durante todo el mes se determinarán conforme a lo establecido en el artículo 147 del TRLGSS.

.../...

...\...

3. Respecto del Sistema Especial de Empleados de Hogar, a partir del 1 de enero de 2025, las bases de cotización por contingencias comunes a este sistema especial serán determinadas en función de la escala vigente. El tipo de cotización por contingencias comunes será el 28,30%, siendo el 23,60% a cargo del empleador y el 4,70% a cargo del empleado.

4. Para la cotización de los artistas, a partir del 1 de enero de 2025 la base máxima de cotización por contingencias comunes para todas las categorías profesionales de los artistas será de 4.909,50 euros mensuales.

5. En el Régimen Especial de los Trabajadores por Cuenta Propia o Autónomos los tipos de cotización para las contingencias comunes será del 28,30%.

6. En las situaciones señaladas en el apartado anterior, la base de cotización aplicable para las contingencias comunes será la base de cotización del mes anterior al del hecho causante de la incapacidad temporal, de las situaciones de riesgo durante el embarazo o de riesgo durante la lactancia natural y por ejercicio corresponsable del cuidado del lactante y la base de cotización del mes anterior al mes previo al del hecho causante del inicio del disfrute de los períodos de descanso por nacimiento y cuidado de menor.

7. La cotización a la Seguridad Social, desempleo, Fondo de Garantía Salarial y formación profesional derivada de los contratos de trabajo a tiempo parcial se efectuará en razón de la remuneración efectivamente percibida en función de las horas trabajadas en el mes que se considere.

...\...

8. Los coeficientes reductores que han de aplicarse a las cuotas devengadas por las empresas excluidas de alguna contingencia serán los siguientes:

- En las empresas excluidas de la contingencia de incapacidad temporal derivada de enfermedad común o accidente no laboral se aplicará el coeficiente 0,055, correspondiendo el 0,046 a la cuota empresarial y el 0,009 a la cuota del trabajador.

- En el supuesto de exclusión de las contingencias de incapacidad temporal, nacimiento y cuidado del menor, ejercicio corresponsable del cuidado del lactante, riesgo durante el embarazo y riesgo durante la lactancia natural, respecto a los funcionarios públicos y demás personal a que se refiere la disposición adicional tercera del texto refundido de la Ley General de la Seguridad Social, se aplicará el coeficiente del 0,065, correspondiendo el 0,054 a la aportación empresarial y el 0,011 a la aportación del trabajador.

UNIDAD DIDÁCTICA 4

Salario mínimo interprofesional

Contenido

1. Cuantía del SMI

En cumplimiento del mandato al Gobierno para fijar anualmente el salario mínimo interprofesional, contenido en el artículo 27.1 del TRLET, se publicó el Real Decreto 87/2025, de 11 de febrero, por el que se fija el salario mínimo interprofesional para el año 2025.

¿Cuál es ese salario?

El salario mínimo interprofesional (SMI) para el año 2025 para cualesquiera actividades en la agricultura, en la industria y en los servicios, sin distinción de sexo ni edad de los trabajadores, queda fijado en 39,47 euros/día o 1.184 euros/mes, según que el salario esté fijado por días o por meses.

En el salario mínimo se computa únicamente la retribución en dinero, sin que el salario en especie pueda, en ningún caso, dar lugar a la minoración de la cuantía íntegra en dinero de aquel.

Este salario se entiende referido a la jornada legal de trabajo en cada actividad, sin incluir en el caso del salario diario la parte proporcional de los domingos y festivos. Si se realizase jornada inferior se percibirá a prorrata.

Al salario mínimo se adicionarán, sirviendo el mismo como módulo, en su caso, y según lo establecido en los convenios colectivos y contratos de trabajo, los complementos salariales a que se refiere el artículo 26.3 del TRLET, así como el importe correspondiente al incremento garantizado sobre el salario a tiempo en la remuneración a prima o con incentivo a la producción.

2. Compensación y absorción

A efectos de aplicar el último párrafo del artículo 27.1 del TRLET, **en cuanto a compensación y absorción en cómputo anual por los salarios profesionales del incremento del salario mínimo interprofesional**, se procederá de la forma siguiente:

⇨ La revisión del salario mínimo interprofesional establecida en este Real Decreto no afectará a la estructura ni a la cuantía de los salarios profesionales que viniesen percibiendo los trabajadores cuando tales salarios en su conjunto y en cómputo anual fuesen superiores a dicho salario mínimo. A tales efectos, el salario mínimo en cómputo anual que se tomará como término de comparación será el resultado de adicionar al salario mínimo fijado en el artículo 1 de este Real Decreto los complementos salariales a que se refiere el artículo 2 del mismo, sin que en ningún caso pueda considerarse una cuantía anual inferior a 16.576,00 euros.

⇨ Estas percepciones son compensables con los ingresos que por todos los conceptos viniesen percibiendo los trabajadores en cómputo anual y jornada completa con arreglo a normas legales o convencionales, laudos arbitrales y contratos individuales de trabajo en vigor en la fecha de promulgación de este Real Decreto.

⇨ Las normas legales o convencionales y los laudos arbitrales que se encuentren en vigor en la fecha de promulgación de este Real Decreto subsistirán en sus propios términos, sin más modificación que la que fuese necesaria para asegurar la percepción de las cantidades en cómputo anual que resulten de la aplicación del apartado 1 de este artículo, debiendo, en consecuencia, ser incrementados los salarios profesionales inferiores al indicado total anual en la cuantía necesaria para equipararse a este.

De acuerdo con la habilitación legal expresa establecida en el artículo 13 del Real Decreto-ley 28/2018, de 28 de diciembre, las nuevas cuantías del salario mínimo interprofesional que se establecen no serán de aplicación:

a) A las normas vigentes a la fecha de entrada en vigor de este Real Decreto de las Comunidades Autónomas, de las ciudades de Ceuta y Melilla y de las entidades que integran la Administración local que utilicen el salario mínimo interprofesional como indicador o referencia del nivel de renta para determinar la cuantía de determinadas prestaciones o para acceder a determinadas prestaciones, beneficios o servicios públicos, salvo disposición expresa en contrario de las propias Comunidades Autónomas, de las ciudades de Ceuta y Melilla o de las entidades que integran la Administración local.

b) A cualesquiera contratos y pactos de naturaleza privada vigentes a la fecha de entrada en vigor de este Real Decreto que utilicen el salario mínimo interprofesional como referencia a cualquier efecto, salvo que las partes acuerden la aplicación de las nuevas cuantías del salario mínimo interprofesional.

En los supuestos a que se refiere el apartado anterior, salvo disposición o acuerdo en contrario, la cuantía del salario mínimo interprofesional se entenderá referida durante 2025 a la que estaba vigente a la entrada en vigor del Real Decreto 87/2025.

Todo ello sin perjuicio de que deban ser modificados los salarios establecidos en contratos o pactos de naturaleza privada inferiores en su conjunto y en cómputo anual a las cuantías del salario mínimo interprofesional que se establecen para 2025 en la cuantía necesaria para asegurar la percepción de dichas cuantías, siendo de aplicación las reglas sobre compensación y absorción que hemos señalado anteriormente.

3. Trabajadores eventuales, temporeros y empleados de hogar

Los trabajadores **eventuales y temporeros cuyos servicios a una misma empresa no excedan de ciento veinte días** percibirán:

⇨ Conjuntamente con el salario mínimo, la parte proporcional de la retribución de los domingos y festivos, así como de las dos gratificaciones extraordinarias a que, como mínimo, tiene derecho todo trabajador, correspondientes al salario de treinta días en cada una de ellas, sin que en ningún caso la cuantía del salario profesional pueda resultar inferior a 56,08 euros por jornada legal en la actividad.

⇨ En lo que respecta a la retribución de las vacaciones de los trabajadores a que se refiere este artículo, dichos trabajadores percibirán, conjuntamente con el salario mínimo interprofesional, la parte proporcional de este correspondiente a las vacaciones legales mínimas en los supuestos en que no existiera coincidencia entre el periodo de disfrute de las vacaciones y el tiempo de vigencia del contrato.

⇨ En los demás casos, la retribución del periodo de vacaciones se efectuará de acuerdo con el artículo 38 del TRLET y demás normas de aplicación.

⇨ El salario mínimo de los empleados de hogar será de 9,26 euros por hora efectivamente trabajada.

⇨ En las cuantías del salario mínimo por días u horas fijadas anteriormente se computa únicamente la retribución en dinero, sin que el salario en especie pueda, en ningún caso, dar lugar a la minoración de la cuantía íntegra en dinero de aquellas.

1. El salario mínimo interprofesional (SMI) para el año 2025 para cualesquiera actividades en la agricultura, en la industria y en los servicios, sin distinción de sexo ni edad de los trabajadores, queda fijado en 39,47 euros/día o 1.184 euros/mes, según que el salario esté fijado por días o por meses.

2. A efectos de aplicar el último párrafo del artículo 27.1 del TRLET, en cuanto a compensación y absorción en cómputo anual por los salarios profesionales del incremento del salario mínimo interprofesional, se procederá de la forma siguiente:

   • La revisión del SMI no afectará a la estructura ni a la cuantía de los salarios profesionales cuando estos, en su conjunto y en cómputo anual, fuesen superiores a dicho salario mínimo.

   • Estas percepciones son compensables con los ingresos que por todos los conceptos viniesen percibiendo los trabajadores en cómputo anual y jornada completa con arreglo a normas legales o convencionales, laudos arbitrales y contratos individuales de trabajo en vigor en la fecha de promulgación de este Real Decreto.

   • Las normas legales o convencionales y los laudos arbitrales en vigor subsistirán, sin más modificación que la que fuese necesaria para asegurar la percepción de las cantidades en cómputo anual que resulten de la aplicación del apartado 1 de este artículo, debiendo ser incrementados los salarios profesionales inferiores al indicado total anual en la cuantía necesaria para equipararse a este.

3. Los trabajadores eventuales y temporeros cuyos servicios a una misma empresa no excedan de 120 días percibirán, conjuntamente con el salario mínimo, la parte proporcional de la retribución de los domingos y festivos, así como de las dos gratificaciones extraordinarias a que, como mínimo, tiene derecho todo trabajador, correspondientes al salario de 30 días en cada una de ellas, que la cuantía del salario profesional pueda resultar inferior a 56,08 euros por jornada legal en la actividad.

TEST DE UNIDAD DIDÁCTICAS

Unidades 1 y 2

1. El salario mínimo interprofesional del año 2025:

a) Está congelado respecto del correspondiente a 2024.
b) Es de 1.184,00 euros mensuales.
c) Es de 12.000,00 euros anuales.
d) Se publicará cuando se haya aprobado la Orden de Cotización de este año.

2. Indica cuál de los siguientes colectivos cotiza por bases normalizadas a las contingencias comunes de laSeguridad Social:

a) Los trabajadores de la minería del carbón.
b) Los trabajadores agrarios.
c) Los trabajadores emigrados.
d) Los desempleados.

3. El importe del Indicador Público de Efectos Múltiples (IPREM) en el año 2025 es:

a) Igual al del salario mínimo interprofesional.
b) Inferior al del salario mínimo interprofesional.
c) Superior al del salario mínimo interprofesional.
d) Variable para cada ciudadano.

4. La cotización en el Régimen General a las contingencias de accidente de trabajo y enfermedad profesional se efectúa aplicando a la base de cotización

a) El tipo del 28,30 por ciento.
b) El tipo del 7,05 por ciento.
c) El tipo que corresponda de acuerdo con la Tarifa de Primas vigente.
d) El tipo que corresponda en función de los accidentes ocurridos en cada empresa.

5. La Orden de cotización para el año 2025:

a) Es la Orden PJC/178/2025, de 25 de febrero.
b) No se ha publicado, ya que no hubo Ley de Presupuestos Generales del Estado.
c) Es la misma que la del año 2024.
d) Se aprobará después de la publicación de la Ley de Presupuestos Generales del Estado.

6. **La base mínima de cotización en los contratos a tiempo parcial se determina en función de:**

    a) El número de horas de trabajo al mes.
    b) La remuneración percibida por el trabajador.
    c) La edad del trabajador.
    d) El número de trabajadores de la empresa.

7. **En las situaciones de alta sin percibo de remuneración en las que exista obligación de cotizar, la base de cotización será:**

    a) La base máxima vigente correspondiente al grupo de la categoría profesional del trabajador.
    b) La base mínima vigente correspondiente al grupo de la categoría profesional del trabajador.
    c) La última base de cotización que hubiera tenido el trabajador en el mes anterior a esa situación.
    d) La que elija el propio trabajador, entre la mínima y la máxima vigentes.

8. **En la cotización en situación de pluriempleo, la base máxima de cotización se distribuirá entre las distintas empresas en función de:**

    a) La remuneración abonada al trabajador en cada una de ellas.
    b) Las horas trabajadas por el trabajador en cada una de ellas.
    c) La categoría profesional del trabajador en cada una de ellas.
    d) La antigüedad del trabajador en cada una de ellas.

9. **Durante las situaciones de nacimiento y cuidado de menor, la base de cotización por contingencias comunes en el Régimen General de la Seguridad Social es:**

    a) La correspondiente al mes previo al anterior al de inicio del correspondiente periodo de descanso.
    b) La correspondiente a la base mínima de la categoría profesional del trabajador.
    c) Siempre la base mínima vigente.
    d) Ninguna es correcta.

10. **El tope mínimo establecido para las bases de cotización del Régimen General de la Seguridad Social, para el año 2025, es de:**

    a) 1.381,20 euros mensuales.
    b) 1.050,00 euros mensuales.
    c) 1.070,10 euros mensuales.
    d) 1.190,88 euros mensuales.

Unidades 3 y 4

1. **¿En qué Real Decreto se fija el salario mínimo interprofesional para 2025?:**

    a) Real Decreto 130/2025, de 1 de febrero.
    b) Real Decreto 87/2025, de 11 de febrero.
    c) Real Decreto 1/2025, de 1 de enero.
    d) Real Decreto 122/2025, de 11 de enero.

2. **El salario mínimo interprofesional de los empleados de hogar está fijado con carácter:**

    a) Horario.
    b) Diario.
    c) Mensual.
    d) Anual.

3. **Con carácter general, ¿operan la compensación y la absorción cuando los salarios realmente abonados, en su conjunto y cómputo anual, sean más favorables para los trabajadores que los fijados en el orden normativo o convencional de referencia?:**

    a) Sí, en todo caso.
    b) Sí, salvo pacto en contrario.
    c) No, nunca.
    d) No, salvo pacto en contrario.

4. **El salario mínimo interprofesional del año 2025 para los trabajadores eventuales y temporeros cuyos servicios a una misma empresa no excedan de ciento veinte días será de:**

    a) 735,90 euros al mes.
    b) 1.000,00 euros al mes.
    c) 56,08 euros por jornada legal en la actividad.
    d) 5,76 euros por hora efectivamente trabajada.

5. **Las pensiones públicas contributivas se han incrementado en el año 2025, respecto de las cuantías del año anterior:**

    a) Un 1 por ciento.
    b) Nada. Lo harán cuando se apruebe la Ley de Presupuestos Generales del Estado de este año.
    c) Un 2,8 por ciento.
    d) Un 4 por ciento.

6. El importe máximo de las pensiones públicas en el año 2025 es de:

    a) 735,90 euros al mes.
    b) 3.751,20 euros al mes.
    c) 3.267,60 euros al mes.
    d) 858,60 euros al mes.

7. ¿Cuál es el límite de ingresos para el reconocimiento de complementos económicos por mínimos en 2025 para una persona con cónyuge a cargo?:

    a) 9.193,00 euros/año.
    b) 9.500,00 euros/año.
    c) 10.723,00 euros/año.
    d) 11.200,00 euros/año.

8. El importe, en el año 2025, de la asignación económica por hijo o menor a cargo con un grado de discapacidad igual o superior al 33 por ciento es de:

    a) 735,90 euros al mes.
    b) 1.000,00 euros al mes.
    c) 291,00 euros al año.
    d) 1.000 euros al año.

9. Según el artículo 6 de la Ley 19/2021, ¿cuál es uno de los requisitos para que una persona que vive sola pueda ser beneficiaria del Ingreso Mínimo Vital (IMV)?:

    a) Tener al menos 23 años y menos de 65 años.
    b) Tener menos de 23 años y estar en situación de alta en la Seguridad Social.
    c) Haber vivido con sus progenitores, tutores o acogedores durante los tres años anteriores a la solicitud.
    d) Ser víctima de cualquier delito sin necesidad de acreditar otra condición.

10. Según los artículos 14 y 15 de la Ley 19/2021, ¿cuál es el plazo máximo para que los beneficiarios del Ingreso Mínimo Vital (IMV) comuniquen cualquier circunstancia que pueda afectar a su derecho?:

    a) 15 días desde que se produzca la circunstancia.
    b) 30 días desde que se produzca la circunstancia.
    c) 45 días desde que se produzca la circunstancia.
    d) 60 días desde que se produzca la circunstancia.

Evaluación final

1. **Los conceptos de vencimiento periódico superior al mes que se satisfagan en el año 2025 deberán prorratearse:**

   a) Entre los meses en que se hayan devengado.
   b) Entre los doce meses del año 2024.
   c) Entre los doce meses del año 2025.
   d) Entre los doce meses anteriores al de abono.

2. **Las percepciones correspondientes a vacaciones anuales devengadas y no disfrutadas y que sean retribuidas ala finalización de la relación laboral:**

   a) Serán objeto de liquidación y cotización complementaria a la del mes de la extinción del contrato.
   b) Se prorratearán durante los doce meses del año natural.
   c) Se incorporarán a la base de cotización del mes de finalización de la relación laboral.
   d) Están exentas de cotización, ya que han sido prorrateadas junto con las gratificaciones extraordinarias.

3. **Indicar a cuál de estos colectivos no es aplicable el salario mínimo interprofesional correspondiente al año 2025:**

   a) Trabajadores temporeros y eventuales.
   b) Trabajadores con contrato de trabajo en prácticas.
   c) Trabajadores autónomos.
   d) Empleados de hogar.

4. **Real Decreto Ley 1/2025, de 28 de enero, no establece:**

   a) La cuantía mínima para el año 2025 de las pensiones de jubilación contributivas.
   b) La cuantía mínima para el año 2025 de las pensiones de jubilación no contributivas.
   c) La cuantía mínima para el año 2025 de las pensiones de viudedad.
   d) La cuantía mínima para el año 2025 de las prestaciones por desempleo.

5. **La base máxima de cotización de los contratos a tiempo parcial es:**

   a) Proporcional al número de horas trabajadas.
   b) Proporcional a la retribución del trabajador.
   c) La misma que la de los contratos a jornada completa.
   d) Ninguna es correcta.

6. A partir del 1 de enero de 2025 los contratos de duración determinada inferior a 30 días tendrán una cotización adicional de:

    a) 15,87 euros a cargo del empresario a la finalización del mismo.
    b) 32,60 euros a cargo del empresario a la finalización del mismo.
    c) 20,52 euros a cargo del trabajador a la finalización del mismo.
    d) Ninguna es correcta.

7. El SMI para el año 2025 para cualesquiera actividades en la agricultura, en la industria y en los servicios, sin distinción de sexo ni edad de los trabajadores, queda fijado en:

    a) 27,15 euros/día.
    b) 35,30 euros/día.
    c) 39,47 euros/día.
    d) 39,50 euros/día.

8. ¿Cuál es el límite de ingresos para el reconocimiento de complementos económicos por mínimos en 2025 para una persona sin cónyuge a cargo?:

    a) 9.193,00 euros/año.
    b) 9.500,00 euros/año.
    c) 10.430,00 euros/año.
    d) 11.200,00 euros/año.

9. Las pensiones de la Seguridad Social en su modalidad no contributiva tienen una cuantía de:

    a) 4.175,04 euros/año.
    b) 5.425,80 euros/año.
    c) 6.290,50 euros/año.
    d) 7.905,80 euros/año.

10. El importe, en el año 2025, de la asignación económica por hijo a cargo mayor de 18 años con un grado dediscapacidad igual o superior al 75% y con necesidad de concurso de otra persona para la realización de los actosesenciales de la vida es de:

    a) 3.000,00 euros /año.
    b) 4.520,00 euros /año.
    c) 5.805,60 euros/año.
    d) 8.707,20 euros/año.

TEST DE UNIDAD DIDÁCTICAS

SOLUCIONES

Unidad 1 y 2

1. **b)** Es de 1.184,00 euros mensuales.

2. **a)** Los trabajadores de la minería del carbón.

3. **b)** Inferior al del salario mínimo interprofesional.

4. **c)** El tipo que corresponda de acuerdo con la Tarifa de Primas vigente.

5. **a)** Es la Orden PJC/178/2025, de 25 de febrero.

6. **a)** El número de horas de trabajo al mes.

7. **b)** La base mínima vigente correspondiente al grupo de la categoría profesional del trabajador.

8. **a)** La remuneración abonada al trabajador en cada una de ellas.

9. **a)** La correspondiente al mes previo al anterior al de inicio del correspondiente periodo de descanso.

10. **a)** 1.381,20 euros mensuales.

Unidad 3 y 4

1. **b)** Real Decreto 87/2025, de 11 de febrero.

2. **a)** Horario.

3. **b)** Sí, salvo pacto en contrario.

4. **c)** 56,08 euros por jornada legal en la actividad.

5. **c)** Un 2,8 por ciento.

6. **c)** 3.267,60 euros al mes.

7. **c)** 10.723,00 euros/año.

8. **b)** 1.000,00 euros al mes.

9. **a)** Tener al menos 23 años y menos de 65 años.

10. **b)** 30 días desde que se produzca la circunstancia.

Evaluación final

1. **c)** *Entre los doce meses del año 2025.*

2. **a)** *Serán objeto de liquidación y cotización complementaria a la del mes de la extinción del contrato.*

3. **c)** *Trabajadores autónomos.*

4. **d)** *La cuantía mínima para el año 2025 de las prestaciones por desempleo.*

5. **c)** *La misma que la de los contratos a jornada completa.*

6. **b)** *32,60 euros a cargo del empresario a la finalización del mismo.*

7. **c)** *39,47 euros/día.*

8. **a)** *9.193,00 euros/año.*

9. **d)** *7.905,80 euros/año.*

10. **d)** *8.707,20 euros/año.*

GLOSARIO

AT

Accidentes de Trabajo.

Auto judicial

Resolución de los Jueces o Tribunales que decide recursos contra providencias, cuestiones incidentales, presupuestos procesales, nulidad del procedimiento o cuando las leyes procesales lo establezcan. Serán siempre fundados y contendrán en párrafos separados y numerados los hechos y fundamentos de derecho y la parte dispositiva, debiendo firmarlos el Juez o el Magistrado o Magistrados que lo dicten.

Autónomos

Trabajo por cuenta propia. Es la actividad productiva de bienes o servicios no ligada a contrato de trabajo y realizada por el propio empresario que asume los riesgos. Este trabajo no está sometido a la legislación laboral, salvo en aquellos aspectos que por precepto legal se disponga expresamente. Trabajador por cuenta propia, mayor de 18 años, que realiza de forma habitual, personal y directa una actividad económica a título lucrativo, en territorio nacional, sin sujeción por ella a contrato de trabajo y aunque utilice el servicio remunerado de otras personas, sea o no titular de la empresa, actividad que le obliga a la inclusión en el Sistema de Seguridad Social en el Régimen Especial de Trabajadores por Cuenta Propia o Autónomos.

Autoridad competente

Designa, para cada Estado miembro, el ministro, los ministros o cualquier otra autoridad correspondiente de la cual dependan, para el conjunto del territorio del Estado de que se trate, los regímenes de Seguridad Social.

Base reguladora

Es uno de los factores que intervienen en el cálculo de las prestaciones económicas de la Seguridad Social y consiste en fijar una cuantía u obtener un resultado a través de una fórmula de cálculo, -determinada en función de las bases por las que se hayan efectuado las cotizaciones durante los periodos que se señalan para cada prestación, a la que se aplican los porcentajes señalados para cada una de las prestaciones económicas, obteniendo así el importe final a percibir por el beneficiario.

Beca

Es una cantidad económica concedida para el desarrollo y cumplimiento satisfactorio de un proceso o ciclo de formación de carácter temporal.

Calendario laboral

Anualmente la empresa, tras consulta y previo informe de los representantes de los trabajadores, elaborará un calendario laboral que comprenderá el horario de trabajo y la distribución anual de los días de trabajo, festivos, descansos semanales o entre jornadas, y otros días inhábiles, teniendo en cuenta, la jornada máxima legal o, en su caso, la pactada.

Casación (recurso de)

Recurso extraordinario contra las resoluciones expresamente previstas y por los motivos señalados en la Ley, que tiene como finalidad el control de la aplicación de la Ley hecha por los tribunales de instancia y crear doctrina jurisprudencial, unificando criterios dispares, así como velar por el cumplimiento de las garantías constitucionales en la tramitación de los procesos.

Categoría profesional

Es el grupo al que pertenece cada uno de los trabajadores y que se identifica por unas características que se dan en un determinado grupo de trabajadores.

CE

Constitución española.

Centro de trabajo

Unidad productiva con organización específica obligada a inscribirse como tal centro ante la autoridad laboral.

CNAE

Clasificación Nacional de Actividades Económicas.

Coeficiente a tiempo parcial (c.t.p.)

Identifica el porcentaje de jornada que realiza un trabajador, en relación con la jornada habitual en la empresa que le tiene contratado.

Contrato de trabajo

Acuerdo entre empresario y trabajador por el que este se obliga a prestar determinados servicios por cuenta del empresario y bajo su dirección a cambio de una retribución.

Convenio especial

Acuerdo suscrito con la Seguridad Social por los trabajadores dados de baja, o por los afiliados en otras situaciones determinadas, con el fin de mantener sus derechos en curso de adquisición, sin perder los efectos de las cuotas abonadas anteriormente.

Cotización

Obligación contributiva impuesta a empresarios y trabajadores para el sostenimiento de las cargas económicas de la Seguridad Social.

DA

Disposición Adicional.

Dependencia

La jurisprudencia la define como la situación del trabajador sometido a la esfera organicista, rectora y disciplinaria de la empresa. La dependencia se identifica en la doctrina como puesta a disposición al poder de dirección del empresario de la fuerza de trabajo.

Descanso

La ley establece una serie de tiempos de descanso a que tiene derecho el trabajador por distintas causas.

Duración de la jornada laboral

La duración de la jornada de trabajo será la pactada en los convenios colectivos o contratos de trabajo. La duración máxima de la jornada ordinaria de trabajo será de cuarenta horas semanales de trabajo efectivo de promedio en cómputo anual. El tiempo de trabajo se computará de modo que tanto al comienzo como al final de la jornada diaria el trabajador se encuentre en supuesto de trabajo.

Empresas

A efectos de la Seguridad Social, toda persona natural o jurídica, pública o privada, por cuya cuenta trabajen las personas incluidas en el campo de aplicación de cualquier Régimen de Seguridad Social que incorpore a trabajadores sujetos a su poder de dirección y organización.

Empresario

Toda persona natural o jurídica, aunque su actividad no está motivada por ánimo de lucro, a la que prestan servicios, con la consideración de trabajadores por cuenta ajena, las personas incluidas en el campo de aplicación de cualquier Régimen de la Seguridad Social.

Enfermedad común

Alteración de la salud que no tenga la condición de accidente no laboral, accidente de trabajo o enfermedad profesional.

Enfermedad profesional (ep)

La contraída a consecuencia del trabajo ejecutado por cuenta ajena en las actividades especificadas como causantes de la misma en el cuadro de Enfermedades Profesionales aprobado por el Ministerio de Trabajo y Economía Social.

ET

Estatuto de los Trabajadores.

Grupo de cotización

Cada uno de los grupos, en los que se clasificaron, a efectos de cotización a la Seguridad Social, las categorías profesionales existentes en las distintas reglamentaciones de trabajo.

Horas complementarias

Aquellas cuya posibilidad de realización haya sido acordada, como adición a las horas ordinarias pactadas en el contrato a tiempo parcial, conforme al régimen jurídico establecido en el Estatuto de los Trabajadores y, en su caso, en los convenios colectivos sectoriales o, en su defecto, de ámbito inferior. Están sujetas a reglas particulares.

Horas extraordinarias

Aquellas horas de trabajo que se realicen, con carácter voluntario, sobre la duración máxima de la jornada ordinaria de trabajo. Se puede optar, mediante convenio colectivo o contrato individual, entre abonarlas o compensarlas por tiempos equivalentes de descanso retribuido.

ITSS

Inspección de Trabajo y Seguridad Social.

Jornada laboral

La duración de la jornada de trabajo será la pactada en los convenios colectivos o contratos de trabajo. La duración máxima de la jornada ordinaria de trabajo será de cuarenta horas semanales de trabajo efectivo de promedio en cómputo anual.

Juzgado de lo Social

Órgano jurisdiccional para conocer en primera y única instancia sobre las materias atribuidas a la jurisdicción social que no están asignadas a órganos superiores (que son las atribuidas en primera instancia a los Tribunales Superiores de Justicia y a la Audiencia Nacional). En los Juzgados de lo Social se tratará tanto de la instancia como de la ejecución.

LO

Ley Orgánica.

Negociación colectiva

Es la forma habitual de regular las condiciones de trabajo en las empresas. 1. Proceso de adopción de decisiones cuya finalidad fundamental es llegar a convenir un conjunto de normas que rijan el fondo y el procedimiento de la relación de empleo en una empresa, así como las relaciones entre empresario y trabajador. 2. Negociación o debate conjunto de los salarios, horarios y condiciones de trabajo entre la dirección y los representantes de los trabajadores.

Periodo de descanso

Periodo comprendido entre el final de una jornada y el comienzo de la siguiente, que será mínimo de doce horas.

Práctica no laboral

Actividad realizada por un joven en una empresa en la que predomina el interés formativo.

RD

Real Decreto.

Recurso

Reclamación que se hace ante un órgano administrativo, o ante un juez o tribunal, que dictó una resolución, o ante otro superior, por no estar conforme con ella, con el fin de que se reforme o revoque.

Resolución judicial

Acto de los tribunales y juzgados dictados en el proceso, que reciben el nombre de providencias, autos y sentencias.

RGSS

Régimen General de la Seguridad Social.

RLT

Representación Legal de los Trabajadores.

SAN

Sentencia Audiencia Nacional.

Sentencia

Resolución que decide definitivamente el pleito cuando, según las leyes procesales, deba revestir esta forma.

STC

Sentencia Tribunal Constitucional.

STS

Sentencia Tribunal Supremo.

Suplicación (recurso de)

Es el que se interpone ante las Salas de lo Social de los Tribunales Superiores de Justicia contra determinadas sentencias dictadas por los Juzgados de lo Social de su circunscripción.

Servicio Común con personalidad jurídica propia en el que, por aplicación de los principios de solidaridad financiera y caja única, se unifican todos los recursos financieros. Tiene a su cargo la custodia de fondos, valores y créditos, y las atenciones generales de los servicios de recaudación de derechos y pagos de las obligaciones del Sistema de la Seguridad Social.

Trabajador

Toda persona natural que realiza una actividad por cuenta propia o ajena que determina su inclusión en el campo de aplicación de los regímenes que componen el Sistema de la Seguridad Social.

TRADE

Trabajadores Autónomos Económicamente Dependientes.

TRLET

Texto Refundido de la Ley del Estatuto de los Trabajadores.

TRLGS

Texto Refundido de la Ley General de la Seguridad Social.

TRLISOS

Texto Refundido de la Ley sobre Infracciones y Sanciones en el Orden Social.

BIBLIOGRAFÍA

— García-Perrote Escartín, I. (2024). *Manual de Derecho del Trabajo* (14.ª ed.). Editorial Tirant lo Blanch.

— Goerlich Peset, J. M. (2024). *Curso de derecho procesal laboral* (3.ª ed.). Editorial Tirant lo Blanch.

— Lefebvre, F. (2025). *Memento social 2025*. Editorial Lefebvre-El Derecho, S.A.

— Palomeque López, M. C., & Álvarez de la Rosa, M. (2022). *Derecho del Trabajo*. Editorial Universitaria Ramón Areces.